高等职业教育汽车改装技术专业教材

汽车改装

周跃敏 主 编
张雪丽　张佛瑞 副主编
彭　钊 主 审

人民交通出版社股份有限公司
China Communications Press Co.,Ltd.

内 容 提 要

本书为高等职业教育汽车改装技术专业教材,全书分为六个项目,内容主要包括:改装工具、DVD 导航、倒车雷达、氙气灯、汽车音响、其他改装项目。

本书可作为职业院校汽车类专业的教学用书,也可作为汽车改装技术人员的培训教材。

图书在版编目(CIP)数据

汽车改装 / 周跃敏主编. —北京:人民交通出版社股份有限公司,2019.12
ISBN 978-7-114-16037-0

Ⅰ.①汽… Ⅱ.①周… Ⅲ.①汽车改造—高等职业教育—教材 Ⅳ.①U472

中国版本图书馆 CIP 数据核字(2019)第 264702 号

书　　名:	汽车改装
著 作 者:	周跃敏
责任编辑:	张一梅
责任校对:	孙国靖　扈　婕
责任印制:	张　凯
出版发行:	人民交通出版社股份有限公司
地　　址:	(100011)北京市朝阳区安定门外外馆斜街 3 号
网　　址:	http://www.ccpress.com.cn
销售电话:	(010)59757973
总 经 销:	人民交通出版社股份有限公司发行部
经　　销:	各地新华书店
印　　刷:	北京虎彩文化传播有限公司
开　　本:	787×1092　1/16
印　　张:	8.75
字　　数:	204 千
版　　次:	2019 年 12 月　第 1 版
印　　次:	2023 年 7 月　第 3 次印刷
书　　号:	ISBN 978-7-114-16037-0
定　　价:	22.00 元

(有印刷、装订质量问题的图书由本公司负责调换)

前言
FOREWORD

随着我国进入新的发展阶段,经济结构调整和产业升级不断加快,各行各业对专业技能人才的需求越来越紧迫,职业教育的重要地位和作用凸显。作为职业教育的基地,职业院校应牢固树立新发展理念,服务建设现代化经济体系和实现更高质量更充分就业需要,对接科技发展趋势和市场需求,努力提升办学水平和提高人才培养质量。

云南交通运输职业学院(云南交通技师学院,以下简称"学院")经过66年的发展,走出了一条符合职业教育规律的具有鲜明特色的发展之路。2017年,学院顺利完成世界银行贷款云南职业教育发展项目建设,编写了高等职业教育汽车改装技术专业教材。

《汽车改装》属于本系列教材之一。在本教材编写过程中,作者认真总结了学院多年以来的专业建设经验,充分调研、对接行业实际需求,注意吸收国际职业教育课程开发先进理念,并深度结合汽车改装技术专业《人才需求调研分析报告》《岗位能力分析报告》《人才培养方案》《汽车改装课程标准》进行开发,形成了以下特色:

1. 全书统一采用"项目—任务"结构,便于开展项目化教学;
2. 项目全部来源于企业工作任务,教学针对性强;
3. 项目采用情景驱动,有助于提升学生学习兴趣;
4. 理论部分采用知识填充设计,充分体现学习过程的开放性;
5. 采用大量反映实际工作过程的图片,便于学生自学;
6. 任务实施采用大量图表设计,便于记录实际学习过程;
7. 将本专业新材料、新工艺融入教材,内容实用性强;
8. 突出"能力本位"设计,体现出对学生综合能力(方法能力、社会能力和专业能力)、职业可持续发展能力的关注和培养。

本书由云南交通运输职业学院(云南交通技师学院)周跃敏担任主编,张雪丽、张佛瑞担任副主编,彭钊担任主审。参与本教材编写工作的有:刘香君(编写项目一),周跃敏(编写项目二至项目四),张佛瑞(编写项目五),张雪丽(编写项目六)。

在本书的编写过程中,云南省世行项目办陈永进、付铁峥、刘海君、云波、刘炜等专家学者以及相关企业技术专家给予了悉心指导和关心帮助,在此表示感谢! 同时,也参考了许多国内出版的书籍、杂志,以及网络上的相关内容,在此也对这些作者的著译者表示感谢!

限于作者水平,书中难免有错漏之处,恳请广大读者提出宝贵建议,以便我们进一步修改和完善。

作 者

2019 年 6 月

目 录
CONTENTS

项目一　改装工具 …………………………………………………………… 1
项目二　DVD 导航 …………………………………………………………… 22
项目三　倒车雷达 …………………………………………………………… 37
项目四　氙气灯 ……………………………………………………………… 49
项目五　汽车音响 …………………………………………………………… 69
项目六　其他改装项目 ……………………………………………………… 106
参考文献 ……………………………………………………………………… 134

项目一 改装工具

工作情景描述

"工欲善其事,必先利其器"。汽车改装涉及原车内饰件拆装、原车电路查找及改线等,正确选择及使用工具可以提高工作效率,同时提高改装施工工艺性。汽车改装常用工具有万用表、电烙铁、组合工具套件及常用的汽车维修工具等。

任务1 万用表的使用

学习目标

1. 能够描述万用表的基本组成和类型;
2. 能够正确描述万用表面板的符号含义,并根据测量内容选择合适的挡位;
3. 能够正确描述万用表的使用注意事项;
4. 能够正确使用万用表测量电路电压、电阻等;
5. 能够主动获取有效信息,养成总结的习惯。

建议学时

4学时。

学习引导

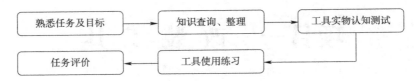

任务实施

万用表又称复用表、多用表、三用表、繁用表等,是用于测量电压、电流和电阻等的多功能、多量程测量仪表。普通万用表可以测量直流电流、直流电压、交流电流、交流电压、电阻和音频电平等,部分万用表还可以测量交流电流、电容、电感及半导体的一些参数等。万用表是汽车电路系统升级改装中不可缺少的测量仪表。

一、万用表的分类

万用表的种类和型号较多,按显示方式可分为模拟万用表和数字万用表,按使用范围可分为普通万用表和专用万用表,普通万用表可测量直流电流、直流电压、交流电压、电阻及晶体管的直流放大倍数等,专用万用表可测量交流电流、电感和电容等。

(一) 模拟万用表

模拟万用表主要由表头、测量电路和量程转换开关等组成,由万用表表头指示测量值。主要用来测量直流电流、直流电压、交流电流、交流电压和电阻等,如图1-1所示。

(二) 数字万用表

数字万用表的面板上有液晶显示器、选择开关、晶体管插孔及公用插孔和电压/电阻插孔等,如图1-2所示,内部使用大规模集成电路。数字万用表的测量值直接由液晶显示器以数字形式显示,读取方便,有些数字万用表还带有语音提示功能。

图1-1 模拟万用表

图1-2 数字万用表

活动:查阅相关资料,区分模拟万用表与数字万用表,填写表1-1。

不同类型万用表的特点　　　　　　　　　　　表1-1

类　　型	优　　点	缺　　点	总　结　评　价
模拟万用表			
数字万用表			

二、认识万用表面板

数字万用表是目前常用的一种数字仪表,由表头、测量电路和转换开关三个主要部分组成。通过转换开关的变换可方便地对多种电学参量进行测量,其电路计算的主要依据是闭合电路欧姆定律。万用表种类很多,使用时应根据不同的要求进行选择。在测量汽车电路时,常选用数字万用表。

活动:阅读万用表使用说明书,结合图1-3,填写表1-2,写出数字万用表面板上各组成部分的名称。

图1-3　万用表面板

数字万用表面板认知　　　表1-2

序　号	名　　称	序　号	名　　称
1		11	
2		12	
3		13	
4		14	
5		15	
6		16	
7		17	
8		18	
9		19	
10		20	

三、万用表的使用注意事项

在使用万用表测量前,要根据测量对象正确选择万用表类型及挡位,同时,熟悉万用表的使用注意事项,避免测量不准确或损坏万用表。

活动:熟读万用表使用说明书,总结万用表的使用注意事项。

四、数字万用表的使用

在使用数字万用表之前,认真阅读使用说明书,了解万用表的功能、特点,熟悉旋钮、各功能键、专用插孔、附件的作用,了解万用表的极限参数、出现过载显示时的显示方法以及低电压显示、极性显示、报警显示和标识符显示特性,并掌握小数点位置变化规律等。

活动1:阅读数字万用表使用说明书,学习归纳万用表的使用方法。

测量电阻:_____

测量电压:_____

其他功能:_____

活动2:运用正确的方法测量电路元件的电阻及干电池的电压,填写表1-3。

测 量 记 录　　　　　　　　　　　　　　　表1-3

测量元件	第一次测量值(V/Ω)	第二次测量值(V/Ω)	第三次测量值(V/Ω)	平均值(V/Ω)
干电池				
电路元件				
1m长8号导线				

活动3:写出图1-4、图1-5中所示的万用表读数。

项目一 改装工具

图 1-4
读数：_____

图 1-5
读数：_____

活动4：运用万用表测量原车蓄电池电压，填写表1-4。

原车蓄电池电压测量记录　　　　　　　　　　　　　　　表1-4

项　　目	流程及要求	实际完成情况	总 结 评 价
测量前准备			
测量过程			
确定测量结果			
整理			

任务评价

根据任务实施情况，填写表1-5。

万用表的使用任务评价　　　　　　　　　　　　　　　表1-5

能　　力	评价内容	分　值	自　评	互　评	教 师 评
专业、方法、能力（60分）	正确区分数字万用表与模拟万用表	15			
	正确认知万用表面板各功能键	15			
	完整描述数字万用表的使用注意事项	15			
	正确使用数字万用表完成电压和电阻测量及蓄电池电压测量	15			
综合能力（40分）	具有良好的团队分工及协作表现	10			
	具有良好的表达能力	10			
	积极参与课堂活动	10			
	课堂纪律表现良好	10			
	合计	100			
	总评				

续上表

能　力	评价内容		分　值	自　评	互　评	教师评
评语	自评：	签字：				
	互评：	签字：				
	教师评：	签字：				

任务2　电烙铁的使用

学习目标

1. 能够正确描述电烙铁的基本类型；
2. 能够正确描述电烙铁的使用注意事项；
3. 能够正确描述电烙铁的使用方法及流程，并利用电烙铁完成电路板焊接；
4. 能够完成电烙铁的维护任务；
5. 能够主动获取有效信息，不断进行总结。

建议学时

4学时。

学习引导

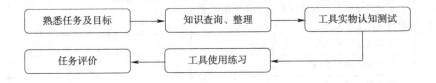

任务实施

电烙铁是电路焊接中最常用的工具，作用是将电能转换成热能对焊接部位进行加热焊接。焊接是否成功很大一部分取决于对电烙铁的操控,因此,从某种角度来说电烙铁的使用依靠的是操作手法和经验积累。

一、电烙铁类型

电烙铁按照发热原理分为外热式电烙铁、内热式电烙铁和恒温电烙铁三种。

(一)外热式电烙铁

外热式电烙铁由烙铁头、烙铁芯、外壳、木柄、电源引线、插头等部分组成。由于烙铁头安装在烙铁芯里面,故称为外热式电烙铁。烙铁芯是电烙铁的关键部件,是将电热丝平行地绕制在一根空心瓷管上,中间的云母片绝缘,并引出两根导线与220V交流电源连接。外热式电烙铁的规格很多,常用的有25W、45W、75W、100W等,功率越大,电烙铁的热效率就越高。

(二)内热式电烙铁

内热式电烙铁由手柄、连接杆、弹簧夹、烙铁芯、烙铁头组成。由于烙铁芯安装在烙铁头里面,因而发热快,热利用率高,因此称为内热式电烙铁。内热式电烙铁的常用规格为20W、50W等。由于它的热效率高,20W内热式电烙铁相当于40W左右的外热式电烙铁。内热式电烙铁的后端是空心的,套接在连接杆上,用弹簧夹固定。当需要更换烙铁头时,必须先将弹簧夹取出,同时用钳子夹住烙铁头的前端,慢慢地拔出。切记不能用力过猛,以免损坏连接杆。

(三)恒温电烙铁

恒温电烙铁在烙铁头内,装有带磁铁的温度控制器,通过控制通电时间而实现温控,即给电烙铁通电时,烙铁的温度上升,当达到预定的温度时,因强磁体传感器达到了居里点而磁性消失,从而使磁芯触点断开,这时便停止向电烙铁供电;当温度低于强磁体传感器的居里点时,强磁体便恢复磁性,并吸动磁芯开关中的永久磁铁,使控制开关的触点接通,继续向电烙铁供电。如此循环往复,便达到了控制温度的目的。

活动:查阅资料,区分各类型电烙铁的优缺点,填写表1-6。

各类型电烙铁的特点 表1-6

类型	优点	缺点	运用
内热式电烙铁			
外热式电烙铁			
恒温电烙铁			

按照不同等级,电烙铁还可分为普通电烙铁(图1-6)、手枪式电烙铁(图1-7)和自动恒温或自动断电式电烙铁(图1-8)。

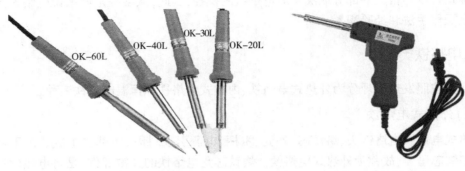

图1-6　普通电烙铁　　　　　　　　图1-7　手枪式电烙铁

图1-8　自动恒温或自动断电式电烙铁

二、电烙铁的使用注意事项

由于电烙铁在使用时需接入220V电路,且烙铁头发热温度高,使用不当会造成安全事故,因此,在使用前应熟悉电烙铁的使用注意事项。

活动:查阅资料,归纳学习电烙铁的使用注意事项。

三、电烙铁的使用

(一)选择焊锡丝

带助焊剂的管状焊锡丝,锡铅合金的含量一般为 50% ~ 60%。为保证焊点的质量,应选择锡含量在 55% 以上,内藏松香标注为 RMA 焊锡丝。焊锡丝的直径有 0.5 ~ 2.4mm 共 8 种规格,应根据焊点的大小选择焊丝的直径。焊锡丝如图 1-9 所示。

焊锡丝种类繁多,从直径上分有 0.5mm、0.6mm、0.8mm 等,从熔点上分有 120℃、183℃、227℃ 等。同时,各种焊锡丝的锡含量也各不相同,应根据作业要求选用不同的焊锡丝。

图 1-9 焊锡丝

(二)电烙铁的使用方法

1. 正确的使用姿势

图 1-10 所示为使用烙铁的正确姿势,左手持焊锡丝,露出长度为 5 ~ 8cm,右手持电烙铁。注意不可接触发热体。

2. 焊前准备

电烙铁头部的预处理(搪锡):准备助焊剂(常用的助焊剂为松香,如图 1-11 所示),如果不是长寿命电烙铁头,则需要用锉刀将电烙铁头部的氧化层清除,接通电源后,待电烙铁头部温度达到松香的熔解温度(约 150℃)时,将电烙铁头插入松香,使其表面涂敷上一层松香,保证焊接时焊锡丝不会黏附在电烙铁头上。

图 1-10 正确使用姿势

图 1-11 助焊剂

3. 焊接步骤

电烙铁焊接步骤如图 1-12 所示。

4. 焊锡丝的供给方法

(1)供给时间:工件升温达到焊料的熔解温度时立即送上焊锡丝。

(2)供给位置:送焊锡丝时焊锡丝应接触在电烙铁头的对侧或旁侧,而不应与电烙铁头直接接触,如图 1-13 所示。

(3)供给数量:焊锡丝量要适中。主要衡量标准为润湿角在 15°~ 45°之间;不能呈"馒头"状,否则,焊点容易脱落,如图 1-14 所示。

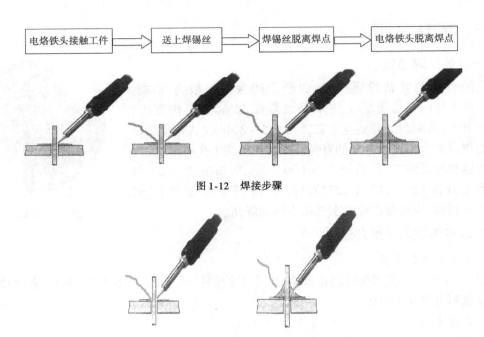

图1-12 焊接步骤

图1-13 供给位置   图1-14 供给数量

5. 电烙铁头的脱离方法

(1) 脱离时间:观察焊锡已充分润湿焊接部位,而助焊剂尚未完全挥发,形成光亮的焊点时立即脱离。若焊点表面变得无光泽而粗糙,则说明脱离时间太晚了。

(2) 脱离动作:脱离时动作要迅速,一般沿焊点的切线方向拉出或沿引线的轴向拉出,如图1-15所示。即将脱离时快速地向回带一下,然后快速脱离,以免焊点表面拉出毛刺。

图1-15 脱离角度

活动1:按照焊接流程及技巧,完成印制电路板焊接练习,填写表1-7。

焊接练习任务实施　　　　　　表1-7

项　目	工艺要求	操作记录	总结评价
焊接准备	准备好焊接工具、助焊剂等,进行焊接点清理,电烙铁清理		
焊接姿势	焊接手法、姿势正确		
焊接方法	焊接方法正确		
工艺	电路板无损坏,焊点大小合适,焊点表面光滑,焊接牢固		

活动2:图1-16～图1-21所示为焊接中常见的不良焊接,分析产生原因,填写表1-8。

图1-16 不良焊接示例1

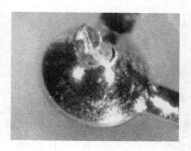
图1-17 不良焊接示例2

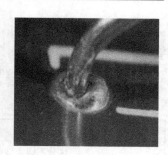
图1-18 不良焊接示例3

图1-19 不良焊接示例4

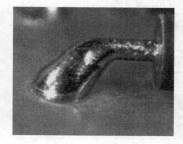
图1-20 不良焊接示例5

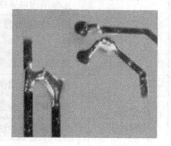
图1-21 不良焊接示例6

不良焊接原因分析　　　　　　　　　　　　　　　　　　　　表1-8

图　号	不良焊接类型	原　因
图1-16		
图1-17		
图1-18		
图1-19		
图1-20		
图1-21		

四、电烙铁的维护

焊接完成后,电烙铁头部的残余助焊剂所产生的氧化物和碳化物会损坏电烙铁头,造成焊接误差或使电烙铁头导热功能减退,故当经常性使用电烙铁时,应每周拆开电烙铁头部一次,清除氧化物。如果校验温度或接地阻抗时,发现电烙铁头温度超出规格,则应先拆开电烙铁头,清理干净后再重测。使用后,应擦干净电烙铁头,镀上新焊锡,并关闭电烙铁电源,以免电烙铁头部发生氧化。

活动:焊接练习后,完成电烙铁维护,并总结维护项目及流程。

汽车改装

任务评价

根据任务实施情况,填写表1-9。

电烙铁的使用任务评价　　　　　　　　表1-9

能　力	评价内容	分　值	自　评	互　评	教师评
专业、方法能力 (60分)	区分不同类型电烙铁	15			
	完整描述电烙铁的使用注意事项	15			
	按照焊接流程完成焊接练习并识别不良焊接	15			
	完成电烙铁的维护任务	15			
综合能力 (40分)	具有良好的团队分工及协作表现	10			
	具有良好的表达能力	10			
	积极参与课堂活动	10			
	课堂纪律表现良好	10			
	合计	100			
	总评				
评语	自评: 　　　　　　　　　　　　　　　　　　　　　　签字: 互评: 　　　　　　　　　　　　　　　　　　　　　　签字: 教师评: 　　　　　　　　　　　　　　　　　　　　　　签字:				

任务3　其他改装工具的使用

学习目标

1. 能够描述旋具的类型及用途;
2. 能够描述试电笔的组成及类型,并运用试电笔完成原车电路寻找;
3. 能够运用电工刀进行剥线;
4. 能够描述电工钳的类型,并运用电工钳完成剥线;
5. 能够描述手电钻、曲线锯的使用方法及使用注意事项;
6. 能够主动获取信息,不断进行总结。

建议学时

4学时。

学习引导

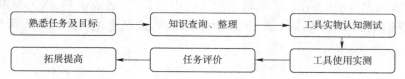

任务实施

汽车电器改装中常用的工具还有旋具、试电笔、电工刀、电工钳和手电钻等。

一、旋具

旋具用于紧固或拆卸螺钉。按头部形状不同,可分为一字旋具和十字旋具;按握柄所用材料不同,可分为木柄旋具和塑料柄旋具。一字旋具的规格用握柄以外的刀杆长度的毫米数表示,有50mm、100mm、150mm等常用规格。十字旋具专供紧固或拆卸十字螺丝钉,适用于2~12mm的螺钉。

除一字旋具和十字旋具外,常用的还有多用旋具,多为组合工具,握柄和刀体可拆卸,握柄用塑料制成,刀体有几种规格,有一字形和十字形。图1-22所示为组合套件旋具。

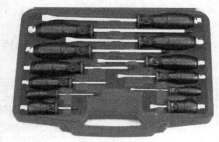

图1-22 组合套件旋具

活动:正确选用旋具拆卸原车CD主机固定螺钉,填写表1-10。

旋 具 使 用 记 录　　　　　　　　　　表1-10

项　　目	工 艺 要 求	操 作 记 录	总 结 分 析
拆卸前准备	描述旋具的使用注意事项		
	根据CD主机螺钉大小选择合适的旋具		
拆卸流程	使用小型号螺钉旋具时,一般用食指顶住手柄末端,大拇指和中指夹住手柄旋动		
	使用大型号螺钉旋具时,一般用手掌顶住木柄末端,大拇指、食指和中指夹住手柄旋动		

二、试电笔

试电笔也叫测电笔,简称电笔,用来测试电路是否通路。笔体中有一氖泡,测试时如果氖泡发光,则说明导线有电或为通路的火线。试电笔中笔尖、笔尾为金属材料制成,笔杆为绝缘材料制成。使用试电笔时,一定要用手触及试电笔尾端的金属部分,否则,因带电体、试电笔、人体与大地没有形成回路,试电笔中的氖泡不会发光,造成误判,认为带电体不带电。试电笔常做成钢笔式或旋具式。图 1-23 所示为钢笔式试电笔,图 1-24 所示为旋具式试电笔。

图 1-23　钢笔式试电笔　　　　图 1-24　旋具式试电笔

活动:运用钢笔式试电笔找出原车 CD 主机电源线、ACC 线及搭铁线,填写表 1-11。

试电笔使用记录　　　　　　　　　　表 1-11

项　　目	工艺要求	操作记录	总结分析
测量前准备	熟读试电笔使用说明书,描述试电笔的使用注意事项		
	在电源上检查试电笔氖管能否正常发光		
	确定电源线、ACC 线和搭铁线的测量方法及流程		
测量	在原车上找到搭铁点,关闭点火开关,找到电源线		
	把点火开关旋转到一挡,找到 ACC 线,并区分电源线与 ACC 线		
	把试电笔正极固定在电源线上,利用负极测出搭铁线		

三、电工刀

电工刀是电工常用的一种切削工具。普通的电工刀由刀片、刀刃、刀把及刀挂等构成。不用时,可将刀片收缩到刀把内。刀片根部与刀柄铰接,其上带有刻度线及刻度标识,前端形成螺丝刀刀头,两面加工有锉刀面区域,刀刃上具有一段内凹形弯刀口,弯刀口末端形成刀口尖,刀柄上设有防止刀片退弹的保护钮。电工刀的刀片汇集多项功能,使用时可完成连接导线的各项操作,无须携带其他工具,具有结构简单、使用方便、功能多样等效果,如图1-25所示。

图1-25 电工刀

电工刀在使用时,刀口应朝外,以免伤手;剖削导线绝缘层时,刀面应与导线成45°倾斜切入,以免割伤导线。电工刀的柄部无绝缘保护,使用时应注意防止触电,如图1-26所示。

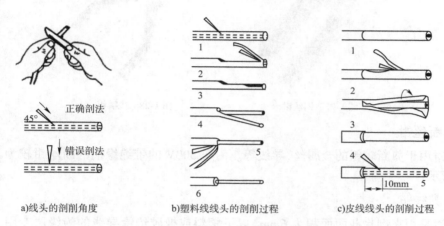

a) 线头的剖削角度　　b) 塑料线线头的剖削过程　　c) 皮线线头的剖削过程

图1-26 电工刀的使用方法

活动:使用电工刀完成导线剖削任务,填写表1-12。

电工刀使用记录　　　　　　　　　　　　　　　　表1-12

项　目	工 艺 要 求	操 作 记 录	总 结 分 析
剖削前准备	描述电工刀的使用方法及注意事项		
	检查电工刀刀口有无缺陷		
	目测所剖削导线铜芯内径		
剖削	根据电工刀的使用方法进行导线剖削		
	检查被剖削的导线有无切断铜芯,切割部分是否平整		

四、电工钳

电工钳分为钢丝钳、尖嘴钳、断丝钳和剥线钳等,用于夹持或切割金属丝、导线,剥落小直径导线的绝缘层。

(一)钢丝钳

钢丝钳是一种钳夹和剪切工具,用途很多,钳头上的钳口可用来弯铰或钳夹导线线头,齿口可用来旋转螺母,刀口可用来剪切导线或剖切软导线绝缘层,铡口可用来铡切较硬的线材,如图1-27所示。

（二）尖嘴钳

尖嘴钳的头部尖细，适用于在狭小的空间操作，剪断较细的导线和金属丝，或将其制成需要的形状，并可加持、安装较小的螺钉、垫圈等，如图1-28所示。

图1-27 钢丝钳　　　　　　图1-28 尖嘴钳

（三）断丝钳

断丝钳用于剪断较粗的金属丝、导线等。耐压500V的带绝缘柄的断丝钳较为常用，如图1-29所示。

（四）剥线钳

剥线钳是用来剥除截面面积为 $6mm^2$ 以下塑料或橡胶绝缘导线的绝缘层专用工具，由钳头和钳柄两部分组成。钳头部分由压线口和切割口构成，分为 0.5～3mm 多个直径切口，用于剥削不同规格的芯线，如图1-30所示。

图1-29 断丝钳　　　　　　图1-30 剥线钳

活动：选用不同类型的电工钳切割、剖削导线，填写表1-13。

电工钳使用记录　　　　　　　　　　　表1-13

项　目	工艺要求	操作记录	总结分析
准备	正确认知不同类型的电工钳并描述其用途		
	结合自身认识，归纳总结电工钳的使用注意事项		

续上表

项　目	工艺要求	操作记录	总结分析
切割、剖削线材	使用钢丝钳切割线材、剖削线材绝缘层		
	使用尖嘴钳切割线材		
	使用断丝钳切割线材		
	使用剥线钳剖削不同型号的线材绝缘层		

五、手电钻

手电钻是一种携带方便的小型钻孔用工具,由电动机、控制开关、钻夹头和钻头4部分组成。手电钻是用于金属材料、木材、塑料等钻孔的工具。装有正反转开关和电子调速装置后,手电钻可用作电动螺丝刀。有的型号配有充电电池,可在一定时间内,在无外接电源的情况下正常工作。在汽车装饰改装中,常用于模具制作,如图1-31所示。

活动1:熟读手电钻使用说明书,学习手电钻的使用方法及使用注意事项,填写表1-14。

手电钻使用认知　　　　　表1-14

品牌：		型号：
参数	1. 最大钻孔直径：	安全操作规程：
	2. 额定功率：	
	3. 正反转：	
	4. 电子调速：	
	5. 夹头直径：	
	6. 额定冲击率：	
	7. 最大力矩：	
	8. 钻孔能力(钢材/木材)：	
使用方法：		
使用注意事项：		

图1-31　手电钻

活动2:使用手电钻完成木板打孔练习,填写表1-15。

手电钻使用记录　　　　　表1-15

项　目	工艺要求	操作记录	总结分析
打孔前准备	准备打孔材料,给手电钻充满电,安装合适的钻头		
	固定打孔材料,保证操作环境安全		
打孔	按照手电钻使用方法及安全操作规程进行打孔		

六、曲线锯

曲线锯与手电钻一样,是一种较为普及的电动工具,广泛运用于汽车装饰改装中的模具制作,在一般环境条件下,对木材、金属、塑料、橡胶等板料进行直线或曲线锯割,如图1-32所示。

图1-32 曲线锯

活动1:熟读曲线锯使用说明书,学习曲线锯的使用方法及使用注意事项,填写表1-16。

曲线锯使用认知　　　　　　　　　　　　　　表1-16

品牌:		型号:	
参数	1. 额定电压:		
	2. 额定功率:		
	3. 适用范围:		
	4. 其他参数:		
结构			写出各部分零部件名称: 1. 2. 3. 4. 5. 6. 7.
安全操作规程:			

续上表

使用方法：

使用注意事项：

活动2：使用曲线锯完成木板切割练习，填写表1-17。

曲线锯使用记录　　　　　　　　　　　　　表1-17

项　目	工艺要求	操作记录	总结分析
切割前准备	准备切割材料，安装合适的刀头		
	固定切割材料，保证操作环境安全		
切割	在给定木板上切割下一个直径为50cm的圆形板		
	按照曲线锯的使用方法及安全操作规程进行切割		

任务评价

根据任务实施情况，填写表1-18。

其他改装工具任务评价 表1-18

能力	评价内容	分值	自评	互评	教师评
专业、方法能力 （60分）	区分不同类型旋具，并正确选用旋具拆卸原车主机	10			
	描述试电笔的类型，正确使用试电笔完成原车找线	10			
	描述电工刀的组成，正确使用电工刀完成线材剖削	10			
	正确使用不同类型的电工钳完成线材切割与剖削	10			
	描述手电钻的使用方法及使用注意事项，使用手电钻完成打孔	10			
	描述曲线锯的使用方法及使用注意事项，使用曲线锯完成木板切割	10			
综合能力 （40分）	具有良好的团队分工及协作表现	10			
	具有良好的表达能力	10			
	积极参与课堂活动	10			
	课堂纪律表现良好	10			
	合计	100			
	总评				
评语	自评： 签字：				
	自评： 签字：				
	自评： 签字：				

拓展提高

汽车改装还会应用到很多工具。查阅资料，了解汽车改装可能用到的其他工具及其使用方法，填写表1-19。

汽车改装可能用到的其他工具　　　　　　　　　表 1-19

工　具	用　途	使用方法	使用注意事项

项目二 DVD 导 航

工作情景描述

张先生拥有一辆大众途安汽车,由于工作原因,经常跑长途。为方便,张先生准备为爱车加装一台 DVD 导航。

目前市场上的 DVD 导航品牌很多,为张先生选择合适的 DVD 导航并加装,汽车改装人员必须具备哪些方面的知识和技能才能胜任呢?

首先,汽车改装人员需要掌握汽车 DVD 导航的功能、类型、结构及工作原理;其次,需要了解市场上常见的 DVD 导航品牌及其产品特点,为客户选择适合的品牌及型号;再者,需要熟悉 DVD 导航的安装流程并能选用合适的工具进行安装作业;最后,需要掌握 DVD 导航常见故障的处理方法,做好售后工作。

任务 1 认识 DVD 导航

学习目标

1. 能够描述 DVD 导航的功能;
2. 能够描述 DVD 导航的类型;
3. 能够描述市场上主流的 DVD 导航品牌及其产品特点;
4. 能够根据客户需求,选择合适的 DVD 导航;

5. 能够主动获取有效信息，进行客户需求分析。

建议学时

4 学时。

学习引导

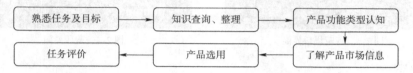

任务实施

车载 DVD 导航是一种以 DVD 播放、导航功能为主的车载主机，一般用来取代原车的 CD 主机。如果是专车专用设计，则其电源插头、音响线将与原车插头完全对插，不改变原车任何线路，并且外观、尺寸与原车风格统一。

一、DVD 导航的功能

DVD 导航的主要功能有导航、视听娱乐、蓝牙免提、收音、倒车后视、电子眼和超速提示等。DVD 导航功能面板如图 2-1 所示。

（一）导航

GPS 全球卫星定位系统，让驾驶员在驾驶汽车时随时随地知晓自己的确切位置。汽车导航具有的自动语音导航、最佳路径搜索及集成的办公、娱乐等功能，如图 2-2 所示。

图 2-1　DVD 导航功能面板

图 2-2　导航界面

（二）视听娱乐

能够播放碟片、手机、U 盘、SD 卡、MP3 等音源。已有多个品牌支持 iPod 接入，iPod 接入使 DVD 导航能够同步播放 iPod 的音乐，如图 2-3 所示。

（三）蓝牙免提

内置蓝牙免提装置，实现行车过程中一键通话，使驾驶员专注于驾驶，在保证安全行车的同时能够正常接听电话,如图2-4所示。

图2-3 视听娱乐界面

图2-4 蓝牙界面

(四)收音

可以随时随地收听广播,随时获得最新资讯,如图2-5所示。

(五)倒车后视

挂倒车挡时,系统会自动接通位于车尾的高清摄像头,将车后状况清晰地显示在屏幕上,使驾驶员准确把握后方路况,保证倒车安全,如图2-6所示。

图2-5 收音机界面

图2-6 倒车后视

(六)电子眼、超速提示

可以根据实时路况设置电子眼提示和限速提示,如图2-7所示。当车速超过设定范围便会语音提示,在保证安全的同时避免违章超速。

活动:结合图2-8,查阅相关资料,根据DVD导航功能,完成DVD导航各按键功能认知,填写表2-1。

图2-7 超速设置界面

图2-8 DVD导航面板操作界面

DVD 导航功能键认知　　　　　　　　　　表 2-1

功能键标识	功能键名称	功能描述
MIC		
RADIO		
MEDIA		
MUTE		
DISP		
VOL		
MAP		
NAVI		
MENU		
SETUP		
TUNE		
GPS		
SD		

二、DVD 导航的类型

(一)按适用范围

根据适用范围,DVD 导航可分为专车专用机(简称专用机,图 2-9)和通用机(图 2-10)。顾名思义,专用机只适用于某品牌或某型号的车辆,而通用机则适用于多数品牌的车辆。

图 2-9　专用机

图 2-10　通用机

活动:查阅相关资料,区分专用机及通用机的优缺点,填写表 2-2。

专用机及通用机的特点　　　　　　　　　表 2-2

类　　型	面板特点	功能类型	接线要求	其　　他
专用机				
通用机				

(二)按显示器

1. 吸顶式

吸顶式车载DVD导航安装时需悬挂于车顶部,如图2-11所示。因此,对于车内空间要求大,一般在小车上很少使用,大多安装于MPV等商务车上。

2. 内藏式

内藏式DVD导航主机自带内藏式伸缩屏幕,通过驱动导轨的方式翻转显示屏,如图2-12所示。内藏式车载DVD导航比较节约空间,一般安装在原车CD主机或磁带机处,不使用时显示屏可以隐藏在主机机体内,保护显示屏不受磨损。

3. 大屏幕式

图2-11 吸顶式

大屏式DVD导航是目前市场上销量最好的DVD导航,与许多中高档车上原配的车载DVD导航一样,主机与显示屏连在一起,对车内饰起到美化作用,而且分辨率高,显示清晰,功能齐全,如图2-13所示。

图2-12 内藏式

图2-13 大屏幕式

4. 遮阳板式

遮阳板式DVD导航的显示屏镶嵌在车内遮阳板上,这种DVD导航一般和原车的遮阳板大小、厚度不一样,所以美观效果会欠缺一些,如图2-14所示。

5. 便携式

便携式DVD导航无须固定在车内,只要依靠一根专配的汽车电源连接线插在汽车点烟器接口,就能随时在车内进行操作,安装方便,但功能单一,如图2-15所示。

图2-14 遮阳板式

图2-15 便携式

三、DVD 导航的选择

目前市场上 DVD 导航的品牌及种类较多,选择适合的 DVD 导航时,应重点考虑以下几个方面:

(一)显示器性能

DVD 导航的显示器使用的都是 LCD 液晶显示器,目前有两种类型,即 DSTN 和 TFT,分别俗称伪彩和真彩。鉴别 DSTN 和 TFT,可通过播放图像,观察显示屏的色彩饱和度和侧面来完成。如果侧视的可视角度很大,则是 TFT 显示屏,反之,则是 DSTN 显示屏。TFT 模式的显示屏色彩鲜艳且逼真,视角宽;相反,DSTN 模式则很暗淡,视角窄。

(二)清晰度

在某些 DVD 导航的说明书上基本看不到像素指标,所以一般通过不同角度翻转显示器来观察其清晰度,应尽可能选择高清晰度显示器的 DVD 导航。

(三)补偿能力

DVD 导航在使用时,由于环境亮度较强,只有显示屏补偿能力较强时,才会有好的显示效果,才不会刺眼。有一个最简单的方法可以判断显示器的好坏,即比较显示屏的厚度,好的显示屏较薄,厚的反而差。

(四)品牌

高品质的 DVD 导航多是一些国外知名品牌,而国产 DVD 导航品牌较多,质量参差不齐,在选择时应注意品牌知名度。

活动 1:查阅相关资料,了解常见 DVD 导航品牌的相关信息,填写表 2-3。

常见 DVD 导航品牌认知　　　　　表 2-3

品　牌	特　点	代表机型	相关参数
卡仕达			
飞歌			
路畅			
纽曼			
德赛西威			

续上表

品　　牌	特　　点	代 表 机 型	相 关 参 数
华阳			
飞利浦			
佳艺田			
爱乐士			
百仕通			

活动2：为张先生的大众途安汽车选用一款专用DVD导航，填写表2-4。

DVD导航选择　　　　　　　　　　　　　　　　　　　表2-4

选用品牌		选用机型	
主要功能			
主要参数			
选择原因：			

任务评价

根据任务实施情况，填写表2-5。

DVD导航认知任务评价　　　　　　　　　　　　　　　　表2-5

能　　力	评价内容	分　值	自　评	互　评	教师评
专业、方法能力 （60分）	描述DVD导航主要功能，正确认知DVD导航功能键	10			
	正确认知DVD导航面板各功能键	10			
	正确描述DVD导航的类型，区分不同类型DVD导航的优缺点	10			
	全面认知DVD导航品牌	10			
	根据客户需求，选择合适的DVD导航	20			

续上表

能　　力	评价内容	分　值	自　评	互　评	教　师　评
综合能力 （40分）	具有良好的团队分工及协作表现	10			
	具有良好的表达能力	10			
	积极参与课堂活动	10			
	课堂纪律表现良好	10			
	合计	100			
	总评				
评语	自评： 　　　　　　　　　　　　　　　　　　　　签字：				
	互评： 　　　　　　　　　　　　　　　　　　　　签字：				
	教师评： 　　　　　　　　　　　　　　　　　　　　签字：				

任务 2　安装 DVD 导航

学习目标

1. 能够正确选用工具拆卸原车主机；
2. 能够正确安装 DVD 导航主机；
3. 能够按照工艺标准完成摄像头安装和布线任务；
4. 能够完成 DVD 导航的各项功能调试；
5. 能够完成面板恢复任务；
6. 能够形成良好的团队合作意识。

建议学时

10 学时。

学习引导

任务实施

张先生为自己的爱车选择了一款专用 DVD 导航,根据 DVD 导航的安装流程,为张先生的大众途安汽车安装 DVD 导航系统。

一、安装前准备

DVD 导航的安装前准备工作包括知识准备、客户接待、车辆入位、车况检查、工具准备、车辆防护等。

活动:根据企业 7S 管理要求,结合 DVD 导航安装项目流程,讨论总结 DVD 导航安装前准备的具体内容及要求,填写表 2-6。

DVD 导航安装前准备任务实施　　　　表 2-6

项　目	准 备 内 容	操 作 记 录
客户接待	运用标准的商务礼仪引导客户进店,并运用标准的销售话术向客户介绍 DVD 导航产品	
车辆入位	把车辆移至施工工位,保证良好的施工环境	
车辆检查	按照车辆检查流程及要求进行全车检查,并做好记录	
工具准备	根据 DVD 导航安装施工流程需求,准备 DVD 导航安装所需的全套工具	
车辆防护	做好驾驶舱、仪表台的防护	

二、拆卸原车主机(以大众途安汽车为例)

按照先外后内的顺序拆除内饰件及原车主机。用专用工具取下装饰框,将固定在原车主机两边的螺钉拆掉,取出原车主机,交还给客户。将拆卸掉的螺钉及装饰框放到指定位置。在拆卸时注意拆卸技巧,不可用蛮力或用力过猛而损坏面板和漆面。所有卡扣要使用专用的起扣工具。

(一)拆卸面板

用专用面板拆卸工具撬开卡扣,取下装饰框。在拆卸时注意拆卸技巧,不可用蛮力或用力过猛而损坏面板和划伤表面。所有卡扣要使用专用的起扣工具。取面板时从下往上,两边均匀用力,防止面板变形或断裂。如图 2-16、图 2-17 所示。

(二)拆卸固定螺钉

拆掉原车主机固定螺钉,将拆卸掉的螺钉及装饰框放到指定位置,如图 2-18 所示。

(三)拔除主机尾线

拉出主机,拔出机尾线束,拿掉原车主机,交还给客户,并签字确认,如图 2-19 所示。

项目二 DVD 导航

图 2-16　用专用取扣工具

图 2-17　两边均匀用力

图 2-18　拆卸固定螺钉

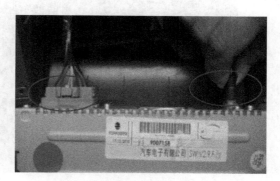

图 2-19　拔除主机尾线

活动：完成原车 CD 主机拆卸任务，并进行任务评价，填写表 2-7。

原车 CD 主机拆卸任务实施　　　　　　　　　　表 2-7

项　目	工艺要求	操作记录	总结分析
拆卸面板	正确选用专用工具，工具使用方法正确		
	面板拆卸流程方法正确		
	拆卸过程中，面板无划痕或损坏		
取下螺钉	正确选用工具，拆卸方法正确		
	对拆下的螺钉等配件进行归类放置管理		
取出主机	在保证原车线路不变的前提下，取出主机		
	拔出主机线，并记录各线束名称及作用		

31

三、安装 DVD 导航主机

（一）接线

将 DVD 导航的专用线束与原车线束插头对接，对 GPS 天线和后视摄像头视频线进行布线固定，如图 2-20 所示。

（二）固定线束

GPS 天线粘贴于 A 柱内侧或前风窗玻璃下方，摄像头视频线优先采用从门槛压条下方通过，与原车线束捆扎固定在一起，如图 2-21 所示。

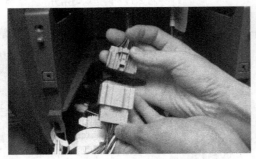
图 2-20 接线

图 2-21 固定线束

活动：完成 DVD 导航专用机主机安装任务，填写表 2-8。

DVD 导航主机安装任务实施　　　　　　　表 2-8

项　目	工艺要求	操作记录	总结分析
线束对接	确定 DVD 主机线束与原车主线是否正确对接		
	完成主机线束的连接固定		
天线固定	找到原车天线连接线束		
	天线固定位置正确，走线正确且线束固定牢固		

四、安装摄像头

（一）接线

找到倒车灯火线和尾灯搭铁线/搭铁点，接上摄像头电源线，注意绝缘包扎好接驳处。摄像头接线如图 2-22 所示。

（二）摄像头布线

拆卸尾门内饰护板，走摄像头线。注意必须进行扎捆固定，多余的线束用电工胶布裹严，防止铜线外露造成短路。

(三)安装摄像头

在预订牌照灯位置安装摄像头,并进行固定,如图2-23所示。

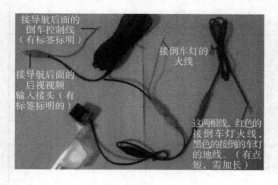

图2-22 摄像头接线图

图2-23 安装摄像头

活动:完成摄像头安装任务,填写表2-9。

摄像头安装任务实施　　　　　　表2-9

项目	工艺要求	操作记录	总结分析
找线	正确选用工具,正确找到倒车灯火线和尾灯搭铁线		
拆卸护板、走线	完整拆卸尾箱护板,并对拆卸下的部件归类放置		
	在尾箱盖上走摄像头线,并进行线束整理固定		
安装摄像头	在车辆号牌等位置安装摄像头		
	对摄像头进行初步固定,方便测试调整		

五、开机测试

开机检查所装机型各项功能是否正常,并调整好摄像头安装位置及角度,如图2-24所示。

图2-24 开机检查

活动:进行开机项目测试,填写表2-10。

开机检查任务实施　　　　　　　　　　　表 2-10

项　目	工 艺 要 求	操 作 记 录	总 结 分 析
开机前检查	检查主机尾线连接是否正确,保证连接牢固		
	检查摄像头线连接是否正确,保证连接牢固		
	检查所有线材有无破损,保证连接部分充分保护		
测试主机功能	接入电源,检测主机开机情况		
	设置主机显示时间		
	测试收音机功能		
	测试各扬声器是否正常工作,调节各声场平衡		
	连接手机蓝牙,测试蓝牙功能		
	调整屏幕亮度		
测试 DVD 系统	装入 DVD 碟片,测试主机能否正常读碟		
	完成 DVD 播放各功能的操作,观察有无异常		
测试导航	装入地图卡,打开导航系统,记录系统定位时间		
	打开导航系统帮助功能,阅读导航使用说明		
	输入目的地,测试系统反应时间		
	测试 3D 演示功能		
	测试行程规划功能		
调整摄像头	起动车辆,挂入倒挡,记录倒车影像反应时间		
	在车后方设置障碍物,根据障碍物的实际位置,调整摄像头角度		
	固定摄像头		

六、恢复原车面板

如果检查各项功能均正常,则将 DVD 导航主机安装在原车位置,用螺钉固定两端的支架,将装饰框还原,内饰件按原样装回,检查所有螺钉及卡扣是否拧紧及扣紧,避免产生二次噪声。彻底检查车辆,确认各部件都正常工作后再陪同客户检查,如图 2-25 所示。

图 2-25 恢复原车面板

活动:完成原车面板恢复任务,填写表 2-11。

恢复原车面板任务实施　　　　　　　　　　　　　　表 2-11

项 目	工艺要求	操作记录	总结分析
固定主机,恢复面板	整理主机尾线,固定主机,还原面板		
检查整理	完成车辆检查整理,整理工具		
告知客户	告知客户使用方法及使用注意事项		

任务评价

根据任务实施情况,填写表 2-12。

安装 DVD 导航任务评价　　　　　　　　　　　　　表 2-12

能　力	评价内容	分　值	自　评	互　评	教师评
专业、方法能力(60 分)	安装前准备流程清晰,项目具体	10			
	拆卸原车面板方法正确,无划痕损伤	10			
	主机安装方法正确,线束固定符合规范	10			
	严格安装工艺标准进行摄像头布线、安装	10			
	进行完整的开机测试项目	10			
	按照 7S 管理规范完成原车面板及内外饰恢复	10			
综合能力(40 分)	具有良好的团队分工及协作表现	10			
	具有良好的表达沟通能力	10			
	积极参与课堂活动	10			
	纪律表现良好	10			
	合计	100			
	总评				

续上表

能　力	评价内容	分　值	自　评	互　评	教师评
评语	自评： 签字：				
	互评： 签字：				
	教师评： 签字：				

拓展提高

王先生拥有一辆大众朗逸轿车，几天前到店为爱车安装了一台德赛西威专用 DVD 导航一体机，但是使用几天后出现故障，导航系统接收不到卫星信号。请分析故障原因并为王先生排除故障。

故障可能原因：_____

_____
_____
_____
_____
_____
_____

简述排除故障流程：_____

_____
_____
_____
_____
_____
_____

项目三　倒车雷达

工作情景描述

在车内或车外设置反射镜(后照镜、后视镜)的最初构想,主要是为了降低车辆与外界发生碰撞的可能性,以减少交通事故率。这些原始构想也提供了第三者在车外的安全保障,使第三者避免被车撞击。事实上,只凭三面反射镜所提供的驾驶视野及信息,难以满足驾驶者对于驾驶安全的需求。随着电子技术的不断发展,汽车倒车报警系统逐渐被开发出来。

任务1　认识倒车雷达

学习目标

1. 能够描述倒车雷达的作用;
2. 能够描述倒车雷达各组成部分的作用;
3. 能够正确叙述倒车雷达的工作原理;
4. 能够根据不同车型,选择合适的倒车雷达;
5. 养成主动获取信息的能力。

建议学时

4学时。

学习引导

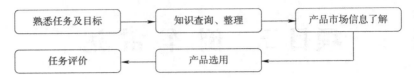

任务实施

一、倒车雷达的作用

倒车雷达全称为倒车防撞雷达,是汽车泊车或者倒车时的安全辅助装置。倒车雷达能以声音或直观的显示告知驾驶员周围障碍物的情况,消除驾驶员泊车、倒车和起动车辆时前后左右探视所引起的困扰,并帮助驾驶员扫除视野死角和视线模糊的缺陷,提高驾驶的安全性。

活动:结合图 3-1,总结归纳倒车雷达的具体作用。

图 3-1　倒车雷达作用

二、倒车雷达的组成

倒车雷达系统由主机、显示器、探头和连接线组成。有些倒车雷达系统还增加了辅助功能,如车内和车外的温度传感器等,能将温度在显示屏上直观地显示出来。

活动:结合图 3-2,认知倒车雷达各组成部分。

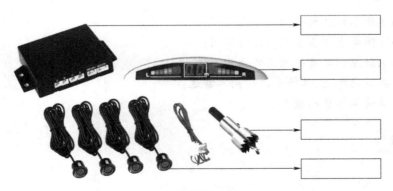

图 3-2　倒车雷达系统组件

（一）主机

主机好比倒车雷达系统的"大脑"，负责接收探头的探测信号，将车辆与障碍物的位置和距离传输给显示器。

（二）显示器

显示器主要用来显示车辆当前所处位置周围障碍物的情况，驾驶员可以通过显示器上的信息来辅助泊车。目前使用较多的是数码显示、荧光显示和多功能倒车镜显示三种。

正常行车状态下，显示器会显示时间、日期、车内温度等辅助信息。当车辆处于倒车状态时，显示器会根据实际情况显示与障碍物的距离、停车警告、语音图标自检信息等，如图3-3所示。

图3-3 倒车雷达显示系统

倒车雷达按显示器分可分为数字式、颜色式、蜂鸣式和复合显示式四种。

活动：查阅相关资料，区分不同类型倒车雷达的特点，完成表3-1的填写。

各类型倒车雷达特点　　　　　　　　　　表3-1

种　类	特　点	代表产品
数字式		
颜色式		
蜂鸣式		
复合显示式		

（三）探头

普通的倒车雷达系统，采用的是电磁波探头，能把探测到的障碍物的距离传输给主机，再经过显示屏模拟信息，并有声音配合报警。

通常来说，探头的数量决定了倒车雷达的探测覆盖能力，数量多则能减少探测盲区。常见的倒车雷达有2探头、3探头、4探头、6探头和8探头。2~4探头的倒车雷达一般装在汽车后保险杠上面，6~8探头的倒车雷达一般前面安装2个、后面安装4个，或者前后各安装4个。6个以上探头的倒车雷达可以探测前方左、右角，探测范围大、精度高。

倒车雷达按照探头的安装方式可分为粘贴式、钻孔式和悬挂式三种。

活动：查阅相关资料，认知不同类型倒车雷达的特点，完成表3-2的填写。

各类型倒车雷达的特点   表 3-2

种　类	特　点	适用范围
粘贴式		
钻孔式		
悬挂式		

三、倒车雷达的工作原理

倒车雷达大多采用超声波测距原理工作。驾驶者在倒车时，将汽车的挡位挂到倒挡上，倒车雷达启动。图 3-4 所示为倒车雷达工作原理图。

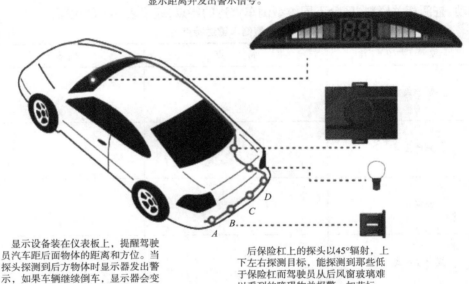

主机控制探头发送超声波，遇到障碍物，产生回波信号，探头接收到回波信号后经主机进行数据处理，从而计算出车体与障碍物之间的距离，判断出障碍物的位置，传给显示器显示距离并发出警示信号。

显示设备装在仪表板上，提醒驾驶员汽车距后面物体的距离和方位。当探头探测到后方物体时显示器发出警示，如果车辆继续倒车，显示器会变换显示信息，提示驾驶员停车。

后保险杠上的探头以45°辐射，上下左右探测目标，能探测到那些低于保险杠而驾驶员从后风窗玻璃难以看到的障碍物并报警，如花坛、蹲在车后玩耍的儿童等。

图 3-4　倒车雷达工作原理

活动：结合倒车雷达工作原理图，简要描述倒车雷达工作过程。

_____
_____
_____
_____
_____

四、倒车雷达的选择

目前市场上倒车雷达品牌众多,价格各异,很多车主不知道如何选择合适的倒车雷达,而倒车雷达的质量直接关系到其能否起到应有的作用。因此,倒车雷达的选择主要关注产品灵敏度、是否存在探测盲区、是否正常工作等,同时还需注意以下几点:

(一) 探头颜色

探头颜色要与汽车颜色相协调,差异不能太大,以免影响美观。

(二) 探头款式

探头款式关系到能否体现出车的档次,某些车型有专用探头,而一些品牌的倒车雷达仅能提供单一款式的探头。探头款式的选择不能仅考虑颜色及大小,更多地要考虑安装后的整车效果。

(三) 产品质量的测试

倒车雷达的产品质量直接关系到其能否起到应有的作用,包括产品灵敏度是否正常、是否存在盲区、是否正常工作等。一般设计的倒车雷达探测距离为 0~1.5m,一些品牌的倒车雷达因其灵敏度不够,探测距离仅为 0.2~0.9m,会给驾驶员的判断及采取避让措施带来一定的困难。尤其是如果存在探测盲区,将使倒车雷达失去应有的作用。产品由待机状态转换为工作状态,是否有提示也比较重要,可以提示驾驶员倒车雷达是否正常开始工作。

活动:王小姐新买了一辆丰田锐志,为方便停车,决定为爱车安装倒车雷达。请根据市场信息,为王小姐选择一款合适的倒车雷达,完成表3-3的填写。

倒车雷达选择任务 表3-3

选用品牌		选用型号	
主要功能			
主要参数			
选择原因:			

任务评价

认识倒车雷达任务评价见表3-4。

认识倒车雷达任务评价　　　　　　　　　表3-4

能　力	评价内容	分值	自评	互评	教师评
专业、方法能力 （60分）	描述倒车雷达的作用及运用范围	15			
	描述倒车雷达各组成部分及其作用	15			
	描述倒车雷达的工作原理	15			
	描述倒车雷达的选用标准，为客户选择适合的倒车雷达	15			
综合能力 （40分）	具有良好的团队分工及协作表现	10			
	具有良好的表达能力	10			
	积极参与课堂活动	10			
	课堂纪律表现良好	10			
合计		100			
总评					
评语	自评： 　　　　　　　　　　　　　　　　　签字：				
	互评： 　　　　　　　　　　　　　　　　　签字：				
	教师评： 　　　　　　　　　　　　　　　　　签字：				

任务2　安装倒车雷达

学习目标

1．能够完成倒车雷达探头位置确定任务；
2．能够正确运用打孔钻完成打孔任务；
3．能够按照工艺标准完成布线任务；
4．能够完成倒车雷达探头、主机及显示屏的安装任务；
5．能够运用正确方法对倒车雷达进行测试；
6．养成认真细致的工作习惯。

建议学时

10 学时。

学习引导

任务实施

客户王小姐已经为爱车选定了一款 4 探头倒车雷达,根据倒车雷达安装工艺流程,为王小姐安装倒车雷达。

一、安装前准备

倒车雷达的安装前准备工作包括知识准备、客户接待、车辆入位、车况检查、工具准备、车辆防护等。

活动:根据企业 7S 管理要求,结合倒车雷达安装项目流程,讨论总结倒车雷达安装前准备的具体内容及要求并作具体任务实施,完成表 3-5 的填写。

倒车雷达安装前准备任务实施 表 3-5

项 目	准 备 内 容	操 作 记 录	总 结 评 价
客户接待	运用标准的商务礼仪引导客户进店,并运用标准的销售话术向客户介绍倒车雷达产品		
车辆入位	把车辆移至施工工位,保证良好的施工环境		
车辆检查	按照车辆检查流程及要求进行全车检查,并做好记录		
工具准备	根据倒车雷达安装施工流程需求,准备倒车雷达安装所需的全套工具		
车辆防护	做好车辆防护		

二、确定探头位置

根据倒车雷达说明书的标准,测量探头安装定位位置。若倒车雷达探头装得太低会出现假报警,太高则出现漏报。一般应装在车的后保险杠上,离地高度:在前保险杠上为45~55cm,在后保险杠上为50~65cm,如图3-5所示。

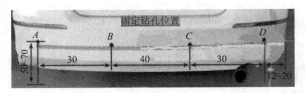

图3-5 倒车雷达探头位置(尺寸单位:cm)
注:A、B、C、D间标注的距离为各探头中心位置的距离

由于车身漆面光滑,探头位置确定后,可用胶带纸进行标注,打孔时一定程度上可防止钻头打滑。

活动:确定探头位置,完成表3-6。

探头位置确定任务实施　　　　　　　　　　　　　　　　表3-6

项　　目	测量数据	备　　注
保险杠总宽度		
离地高度		
A、D点到保险杠侧边距离		
A点到B点、D点到C点的距离		
B点到C点的距离		

三、打孔

确认使用的扩孔钻头与探头直径一致后,方可打孔,否则会影响探头安装后的牢固性。钻孔前最好先用钉子或其他尖锐工具在标记处钻盲眼,防止钻头转动时滑动,划伤保险杠漆面,如图3-6所示。

图3-6 按照预定位打孔

活动:正确运用手电钻打孔,完成表3-7的填写。

打 孔 任 务 实 施　　　　　　　　　表3-7

项　　目	工 艺 要 求	操 作 记 录	总 结 分 析
准备	用胶带纸标记打孔位置		
准备	准备打孔工具		
打孔	打孔钻使用手法正确		
打孔	打孔方法正确		
工艺	打孔位置正确,打孔大小合适,毛边处理到位,周边漆面无损坏		

四、布线、接线

必要时拆卸后排座椅进行倒车雷达布线,线束需避开高温、高压位置安装。破头接线处要绝缘包扎。探头布线时首先以A、B、C、D的顺序从左到右穿入孔内,线的一端先用胶带包裹,尽量远离排气管,固定牢固,从尾箱下面穿入尾箱里面。倒车雷达布线图示意如图3-7所示。

由于倒车雷达在挂上倒挡,倒车灯亮的时候起作用,因此电源导线可和倒车灯并接。电源接线应规范,采用分四股双铰接,并用电烙铁焊接。

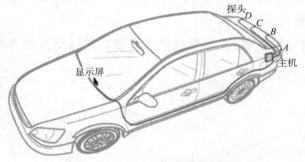

图3-7　倒车雷达布线示意图

活动:完成布线任务,并填写表3-8。

布 线 任 务 实 施　　　　　　　　　表3-8

项　　目	工 艺 要 求	操 作 记 录	备　　注
布线准备	确定走线位置布线流程及所需拆卸部位		
布线准备	准备布线所需的工具及线材		
拆卸必要部位	正确选用工具拆卸座椅,整理拆卸下来的零部件		
拆卸必要部位	正确选用工具拆卸行李舱盖板,整理拆卸下来的零部件		

续上表

项 目	工艺要求	操作记录	备 注
探头布线	快速、规范地完成布线		
	线材连接部分的包裹符合工艺标准		
布线工艺	线材按顺序用扎线带捆扎、固定		

五、安装设备

(一)安装探头

安装探头时注意安装方向,用两个大拇指均匀用力将探头压入保险杠中,要压牢并紧贴车体。将防水插头插好,用力拧紧,防止进水。注意:探头有上下方向,不能装反。

(二)安装主机

前主机在安装时应尽量远离原车电子元件,建议安装在前排乘客侧的位置,安装要牢固。

后主机可安装在行李舱左侧,与探头连接好,安装要牢固。同时找到倒车灯线,电源线与倒车灯线相连,如图3-8所示。

(三)安装显示器

显示器安装在仪表台左侧,在不影响安全驾驶的前提下方便驾驶员观看,如图3-9所示。

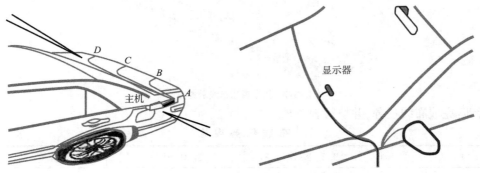

图3-8 主机位置　　　　　　　图3-9 显示器安装位置

活动:按工艺要求完成倒车雷达设备安装任务,并填写表3-9。

倒车雷达设备安装任务实施　　　　　　　　表3-9

项 目	工艺要求	操作记录	备 注
安装探头	快速、规范地完成探头安装		
	探头安装方向正确		

续上表

项　　目	工艺要求	操作记录	备　　注
安装主机	快速、规范地完成主机安装		
	主机安装位置合适，主机线走线规范		
安装显示屏	快速、规范地完成显示屏安装		
	显示屏安装位置合适，走线规范		

六、测试

安装完毕，应先确认功能是否正常，若正常，方可使用。验证方法为：将规格为 30cm × 100cm 的木板竖起放于汽车后方，驾驶员慢慢倒车，验证倒车雷达的相应功能。

（一）预警距离测试

将一个木板放在探头的正后方，由远到近缓慢倒车，分别在远、近两端测量木板到车尾的实际距离，并和车内倒车雷达显示的障碍物距离相比较，记录在表3-10中。

预警距离测试任务实施　　　　　　　　　　　表3-10

木板实际距离(m)	1.5	1	0.5	0.3
雷达显示距离				

（二）障碍物方位显示测试

分别把木板放到车尾的左、中、右侧，测试倒车雷达探测显示障碍物方位是否精确。

（三）探测死角测试

将木板中心顶侧偏离探头中心，测试倒车雷达能否测出。

活动：完成倒车雷达测试任务，并进行任务总结。

汽车改装

任务评价

安装倒车雷达任务评价见表3-11。

安装倒车雷达任务评价　　　　　表3-11

能力	评价内容	分值	自评	互评	教师评
专业、方法能力（60分）	运用正确的方法确定探头位置	10			
	正确使用打孔钻完成打孔任务	10			
	按照工艺标准完成布线、接线任务	10			
	完成倒车雷达测试,并对不合格项进行调整	10			
	严格按照倒车雷达安装流程进行任务,倒车雷达安装整体效果好	20			
综合能力（40分）	具有良好的团队分工及协作表现	10			
	具有良好的表达沟通能力	10			
	积极参与课堂活动	10			
	纪律表现良好	10			
	合计	100			
	总评				
评语	自评： 签字：				
	互评： 签字：				
	教师评： 签字：				

拓展提高

查阅资料,了解全车雷达安装流程。

_____
_____
_____
_____
_____
_____
_____
_____

项目四　氙　气　灯

工作情景描述

李先生去年买了一辆福特轿车,由于经常要去外地出差,使用一段时间后,他觉得灯光不够亮,一直想升级改装灯光。今天李先生来到公司,作为汽车改装技师,要掌握哪些知识和技能,才能为李先生完成氙气灯的介绍及改装呢?

任务1　认识氙气灯

学习目标

1. 能够描述汽车上的灯具种类;
2. 能够描述氙气灯的特点;
3. 能够描述氙气灯的工作原理及组成;
4. 能够根据客户需求选择合适的氙气灯;
5. 培养主动获取、处理信息的能力。

建议学时

4学时。

学习引导

任务实施

一、汽车灯光系统的种类及作用

一辆汽车上安装的灯具，按功能分为照明灯和信号灯两类，按用途分为外部照明和内部照明灯两类，部分外部照明灯兼具信号指示的作用。

(一) 灯光系统的种类及作用

1. 外部照明灯

汽车外部照明灯主要用于照明、示廓、警示等，主要有前照灯、雾灯、牌照灯等。

活动：结合实训车辆，查阅相关资料，认识汽车外部照明灯，并完成表 4-1 的填写。

外部照明灯类型及特点　　　　　　　　表 4-1

名　称	安 装 位 置	功率范围(W)	作　用
前照灯			
雾灯			
牌照灯			
倒车灯			
制动灯			
转向灯			
示位灯			
示廓灯			
驻车灯			
警示灯			

2. 内部灯具

汽车内部照明灯主要用于驾驶舱内部照明、车辆信息提升等,主要有顶灯、阅读灯、门灯等。

活动:结合实训车辆,查阅相关资料,认识汽车内部照明灯,并完成表4-2的填写。

内部照明灯类型及特点　　　　　　　　　　　　　　　表4-2

名　　称	安　装　位　置	功率范围(W)	作　　用
顶灯			
阅读灯			
行李舱灯			
门灯			
仪表灯			
照明指示灯			
报警指示灯			
工作灯			

(二)灯泡的种类及特点

灯泡是所有灯具的光源,属于标准件。灯泡按发光原理分为白炽灯泡、卤素灯泡和氙气灯灯泡三类。

1. 白炽灯泡

白炽灯将灯丝通电加热到白炽状态,利用热辐射发出可见光的电光源,主要由玻壳、灯丝、导线、感柱、灯头等组成,灯泡内部的保护气体是低压惰性气体(如氩气、氖气、氮气),发光效率较低,光视效能为16Lm/W。汽车上用的白炽灯型号主要有P21W、W5W、W16W、R10W等。白炽灯泡如图4-1所示。

2. 卤素灯泡

卤素灯泡内部防止钨丝氧化的保护气体是溴化物、碘化物,可以使钨在点亮高温蒸发后,在冷却过程中通过还原反应返回到钨丝上,从而提高灯泡的使用寿命。灯泡发光效率高,光视效能为30~40Lm/W。发光能力型号标志带"H",如H1、H2、H3等。卤素灯泡如图4-2所示。

图 4-1　白炽灯泡

图 4-2　卤素灯泡

图 4-3　氙气灯

3. 氙气灯

氙气灯的全称是（High Intensity Discharge，HID）气体放电灯，它是在石英玻璃管内，以氙气与碘化物等多种惰性气体填充，再透过稳压器将车上 12V 的直流电压增压至 23000V，经过高压振荡激发氙气电子游离，产生气体放电。氙气所产生的白色超强电弧光，类似太阳光芒，亮度是传统卤素灯泡的 3 倍以上，耗电量在 35W 左右，使用寿命比传统卤素灯泡长 5 倍以上。如图 4-3 所示。

（三）色温

色温是照明光学中用于定义光源颜色的物理量，表示光源光色的尺度，单位为 K（开尔文，温度单位）。人眼的夜间视物最佳分辨率在 4300K 光照模式下最理想，原厂氙气灯色温都是 4300K，过高的色温光照会导致视力疲劳，而色温过低，会造成光照不足，视物不清，也会导致视觉疲劳。

活动：查阅资料，认识不同色温的颜色和效果，并完成表 4-3。

不同的色温及特点　　　　　　　　　　　　表 4-3

色 温 值	颜色及特点	常 见 光 源
1000～2500K		
2500～3500K		
3500～4300K		
4300～5000K		
5000～6500K		
6500～8000K		
8000K 以上		

二、氙气灯的特点

氙气灯的全称为 HID 气体放电灯,它利用配套电子镇流器,将汽车电池的 12V 电压瞬间提升到 23kV 以上的触发电压,将氙气灯中的氙气电离形成电弧放电并使之稳定发光,提供稳定的汽车前照灯照明。

与传统前照灯相比,氙气灯具有亮度高、寿命长、节能环保、色温性好及安全可靠的特点。

(一)亮度高

一般 55W 的卤素灯只能产生 1000lm/W 的光,而 35W 的氙气灯能产生 3200lm/W 的强光,亮度是卤素灯的 3 倍以上,并且拥有超长及超广角的宽广视野,夜晚视野更清晰,可提高夜间行车安全。

(二)寿命长

氙气灯是利用电子激发气体发光,并无钨丝存在,因此寿命较长,可连续使用长达 3000h,而卤素灯寿命只有 500h。

(三)节能环保

35W 的氙气灯发出 55W 的卤素灯 3.5 倍以上亮度的光,能有效减轻汽车电力系统的负荷,电力损耗节可省 40%,可有效节约能源,提高车辆性能。

(四)色温性好

氙气灯光色接近日光,相比卤素灯 3000K 黯淡发黄的光色,可有效减轻驾驶员视觉疲劳,使行车更加安全。

(五)安全可靠

氙气灯的灯光具有很好的稳定性和连续性,当汽车电路系统发生故障时,氙气灯不会瞬间熄灭,而是通过逐渐变暗的方式熄灭,使驾驶员能在夜晚行车时赢得时间紧急靠边停车。此外,氙气灯还有助于缓解驾驶员夜间行驶的疲劳与紧张,提高行车舒适性。

活动:与普通灯泡相比,氙气灯优势明显,但同时也有不足,查阅资料,总结归纳氙气灯的缺点。

_____

_____

_____

_____

三、氙气灯的结构及工作原理

(一)组成

氙气灯由镇流器、启辉器、光源和配光系统组成,如图 4-4 所示。

1. 镇流器

氙气灯系统均有一个镇流器,其功能是保持氙气灯系统的电压稳定。镇流器是氙气灯系统与汽车电气系统之间的桥梁和界面,既维护氙气灯系统的相对独立,又保持它与汽车电气系统之间的联系。

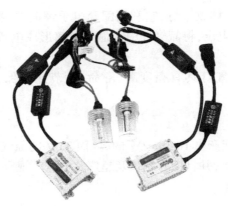

图 4-4　氙气灯总成

2. 启辉器

氙气灯发光类似荧光灯原理,即通过两电极间的电弧发光,所以需要一个启辉器激励灯泡内的物质发光。目前有的启辉器与镇流器制成一体,有的则单独分开。

3. 光源

氙气灯的光不是来自钨丝,而是通过电离作用发光。其灯泡由水晶玻璃制成,内有两个电极,当两电极上电压足够时,就产生弧光,并由镇流器保持光源稳定。

4. 配光系统

配光系统决定了氙气灯发出光的距离和宽度。

(二) 工作原理

氙气灯没有灯丝,利用两电极之间放电器产生的电弧来发光,如同电焊中产生的电弧亮光。高压脉冲电加在完全密闭的微型石英灯泡(管)内的金属电极之间,激励灯泡内的物质(如氙气、少量的水银蒸气、金属卤化物)在电弧中电离产生光亮。这种光亮的色温与太阳光相似,但含较多的绿色与蓝色成分,因此呈现蓝白色光。这种蓝白色光大幅提高了道路标志和指示牌的反射亮度。氙气灯发射的光通量是卤素灯的 2 倍以上,同时电能转化为光能的效率也比卤素灯提高 70% 以上,所以氙气灯具有比较高的能量密度和光照强度,而运行电流仅为卤素灯的一半。

四、氙气灯选择注意事项

(一) 尺寸

如果氙气灯泡与原卤素灯泡的大小、尺寸不同,则发光部分可能偏离了焦点位置,会导致车灯不聚光、无正确的远光功能等状况出现。此外,改装氙气灯对车辆前保险杠及格栅有一定的尺寸要求,需仔细测量后再予以改装。

(二) 型号

氙气灯的型号很多,常见的有 9004、9005、9006、9007、H1、H3、H4、H7、H8、H9、H10、H13

等。选用时应根据不同车型选择不同型号的氙气灯。选用时先在车灯的玻璃下角找到该灯的型号,然后仔细按照车型对照选用相应车灯即可。

(三) 色温

不同色温的光,具有不同的照明和视觉效果。色温在 3000K 左右时,光色偏黄;色温在 5000K 左右时,光色偏蓝;色温在 6000K 以上时,光色偏白。人类眼睛能够接受的色温在 2300~7500K,而在实际使用中合适的色温则在 3200~5000K,这样车灯的亮度和穿透力对于照明是很合适的。可见,氙气灯的色温并非越高越好,当氙气灯的色温超过 6000K 时,光色太白太亮,会给行人和其他车辆带来危险。因此,在美国和欧洲都禁止使用 6000K 以上色温的车灯,建议选用 6000K 以下色温的氙气灯。

(四) 品牌

氙气灯的品牌主要有三类:第一类是欧洲产品,如飞利浦、海拉、博世、欧斯朗等,品质好,但价格很高;第二类是韩国产品,如劲光等,品质其次,价格也比较适中;第三类是国产产品,一般也都是采用国外的散件在国内企业组装的,如台湾的红武士、浙江的爱博特等,品质一般,价格也比较低。

(五) 价位

氙气灯性能优越、成本较高,因此价格也较贵。目前市场上最好的卤素灯每套价格为 900 多元,而氙气灯一般都要 4000 元左右,所以车主应该根据自身的实际情况来选择。如果是已用了近十年的汽车,就没有必要换灯;如果是新车且档次较高,有条件的话建议改成氙气灯,因为氙气灯几乎与汽车的使用年限相同,而卤素灯仅有几年的寿命,折合起来不如装氙气灯划算。

活动:运用正确的话术完成汽车氙气灯销售情景演练。

记录:
_____
_____
_____
_____
_____
_____
_____
_____
_____
_____
_____
_____
_____
_____
_____

任务评价

认识氙气灯任务评价见表4-4。

认识氙气灯任务评价 表4-4

能　力	评价内容	分　值	自　评	互　评	教师评
专业、方法能力 （60分）	全面认知汽车灯具、灯泡	20			
	正确认知氙气灯优、缺点	15			
	描述氙气灯的组成及工作原理	10			
	正确运用专业知识完成氙气灯销售演练	15			
综合能力 （40分）	具有良好的团队分工及协作表现	10			
	具有良好的表达能力	10			
	积极参与课堂活动	10			
	课堂纪律表现良好	10			
	合计	100			
	总评				
评语	自评： 　　　　　　　　　　　　　　　　　　　签字： 互评： 　　　　　　　　　　　　　　　　　　　签字： 教师评： 　　　　　　　　　　　　　　　　　　　签字：				

任务2　安装氙气灯

学习目标

1. 能够按照工艺标准完成氙气灯布线；
2. 能够根据氙气灯接线图完成接线任务；
3. 能够完整拆除原车灯泡，安装氙气灯；
4. 能够完成安定器的安装固定任务；

5. 能够完成氙气灯的测试调整；
6. 养成团队协作意识。

建议学时

10 学时。

学习引导

任务实施

王先生拥有一辆大众朗逸轿车，由于工作需求，经常晚上驾车，为提高驾驶安全，决定为爱车加装氙气灯。

一、氙气灯安装工艺流程

（一）工艺流程

汽车氙气灯升级工艺流程为：施工前检查→车辆防护→车辆检查→拆卸保险杠→拆卸车灯→更换氙气灯→密封罩钻孔→氙气灯布线→安装氙气灯→车灯调试→固定车灯→安装保险杠→车辆检查→交车。具体技术要求及操作示范见表4-5。

氙气灯升级工艺标准　　　　　　　　　　　表4-5

步　骤	技 术 要 求	操作示意图
施工前检查	按照客户要求填写施工单，检查车身状况，及时提示车主，并将异常情况标注在施工单上。提示客户随时携带贵重物品，最后请客户在施工单上签字确认	

续上表

步　骤	技术要求	操作示意图
车辆防护	对车辆座椅、发动机舱等部位进行防护	
车辆检查	打开点火开关,检查仪表各项指示灯及其他部件工作是否正常	
拆卸保险杠	安装氙气灯时要拆卸原车前照灯总成,首先要拆卸保险杠,拧松卡扣螺栓,拆卸护板	
	拆卸保险杠的所有六角螺栓及卡扣螺栓	

项目四 氙 气 灯

续上表

步　骤	技 术 要 求	操作示意图
拆卸保险杠	将所有螺栓拆除后,小心地将保险杠从车上拆卸下来	
	将连接雾灯的插头拔掉	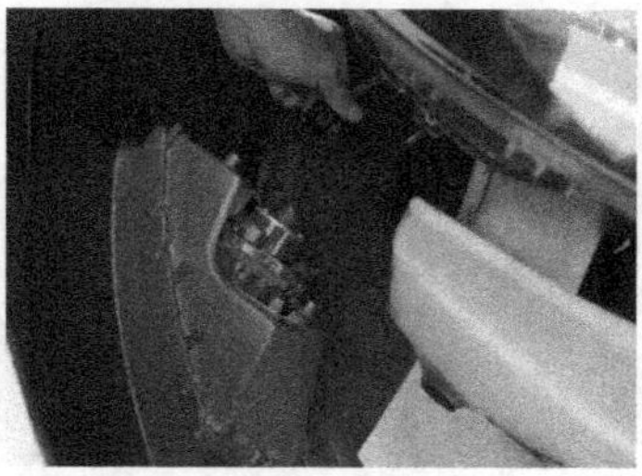
拆卸车灯	拆除车灯所有螺栓,将车灯小心地从车上拆下,并拔掉原车灯电源插头	
更换氙气灯	拆除原车灯密封罩,取出原车前照灯灯泡	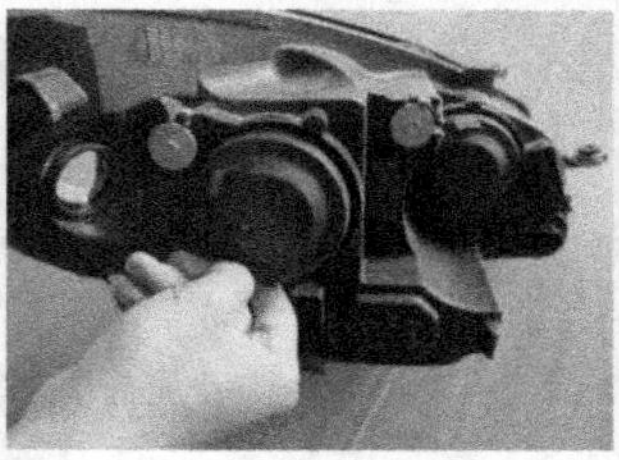 
	若氙气灯芯较粗,无法插入原车灯座,可以使用铁锉处理。注意向外锉动,以免铁沫进入灯罩内,影响使用	

59

续上表

步　骤	技术要求	操作示意图
更换氙气灯	处理过后,将氙气灯灯芯插入原车灯座,锁紧卡簧	
密封罩钻孔	按照氙气灯自带的密封胶垫尺寸,在原车车灯密封罩中心钻孔	
氙气灯布线	将氙气灯自带线束取出,并将主控线束放在左前灯处,氙气灯线束及继电器固定在合适的位置	
	氙气灯电源线需用保护管包裹保护	
	红色正极电源线接在蓄电池正极,黑色负极电源线接在蓄电池负极,并将线束捆绑固定	

项目四 氙气灯

续上表

步骤	技术要求	操作示意图
氙气灯布线	将氙气灯线束另一端沿保险杠里侧,甩到右前车灯位置,固定线束	 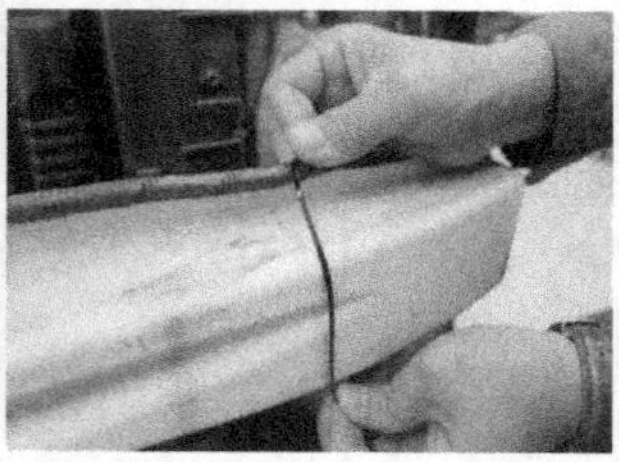
安装氙气灯	将氙气灯主控线束中输入继电器的两条电源控制线穿过加工好的原车车灯密封罩,注意方向正确	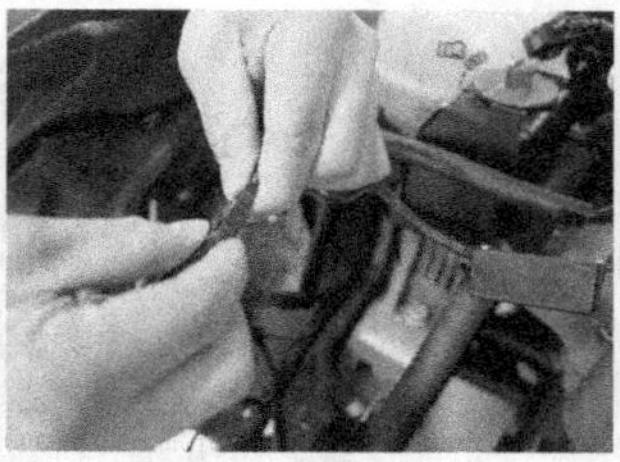 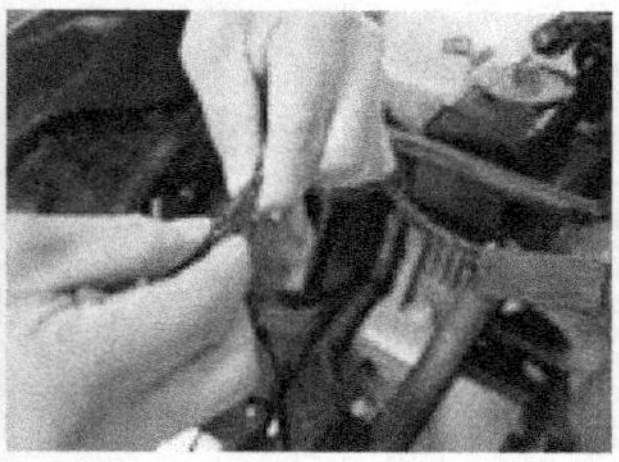
	将两条控制线穿过氙气灯密封胶垫,将原车灯线的正极与输入继电器的正极连接	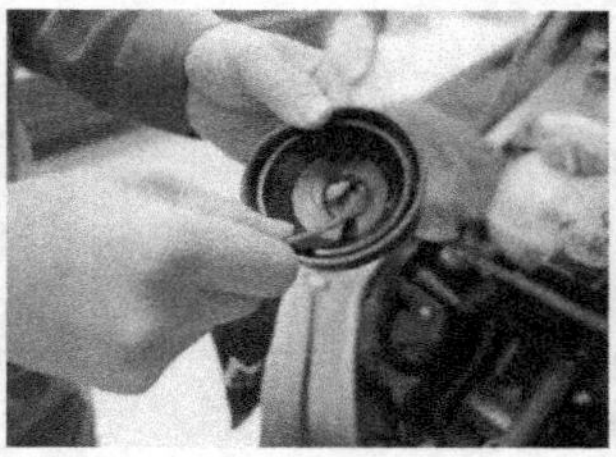 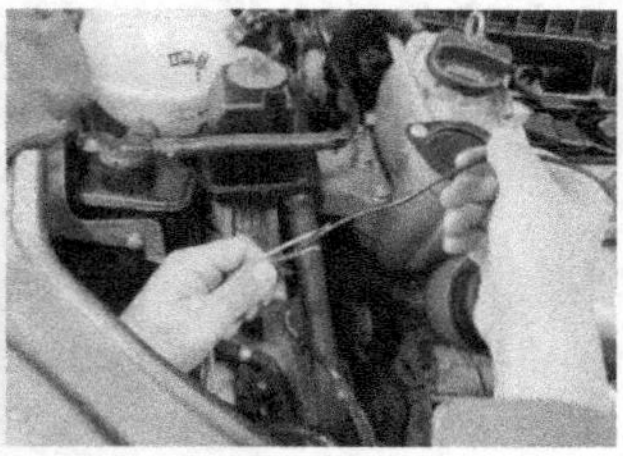
	将原车灯线的负极与输入继电器的负极连接,将输入氙气灯芯的两条高压线穿过加工好的原车密封罩	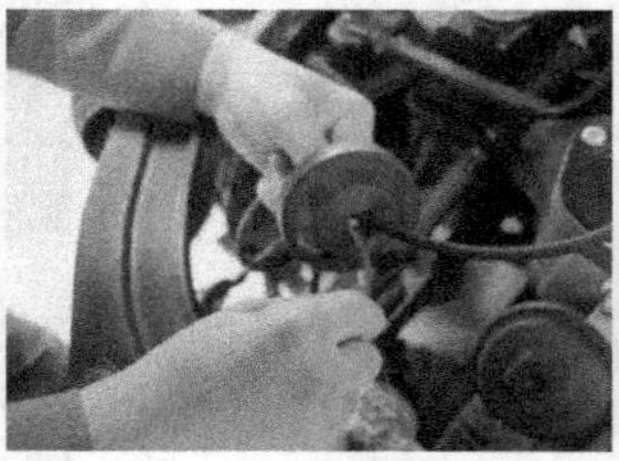 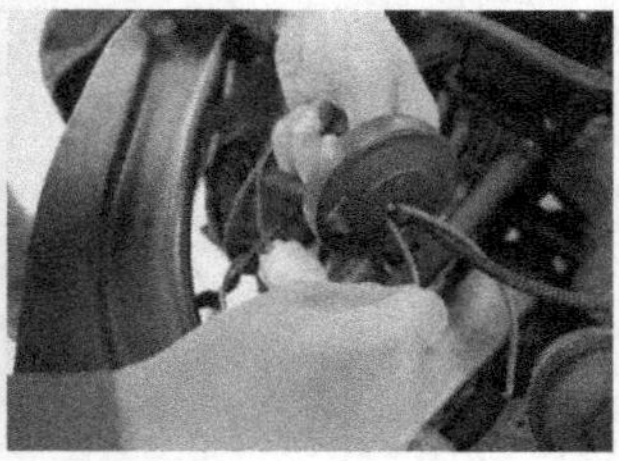
	将氙气灯自带的密封胶垫穿在中心孔密封,扣紧密封罩	

续上表

步骤	技术要求	操作示意图
安装氙气灯	将电源稳定器固定在合适的位置	
	将继电器分出的正极控制线与另一条负极控制线组成的插头,插在输入稳定器的控制线插头上	
	将稳定器输出的两条高压控制线,分别与输入氙气灯芯的两条高压线连接,并注意正负极。稳定器供电后,瞬间产生高压电,并通过控制线将电流供给灯芯,灯芯发光	
	将原车车灯控制线插回车灯,更换氙气灯结束	
车灯调试	将安装好的车灯放回原位,打开车灯开关,检查两侧车灯工作是否正常	—

项目四　氙　气　灯

续上表

步　骤	技 术 要 求	操作示意图
固定车灯	将车灯螺孔与车身上的相应位置对齐,拧紧螺栓,固定车灯	
安装保险杠	将保险杠雾灯插头插上	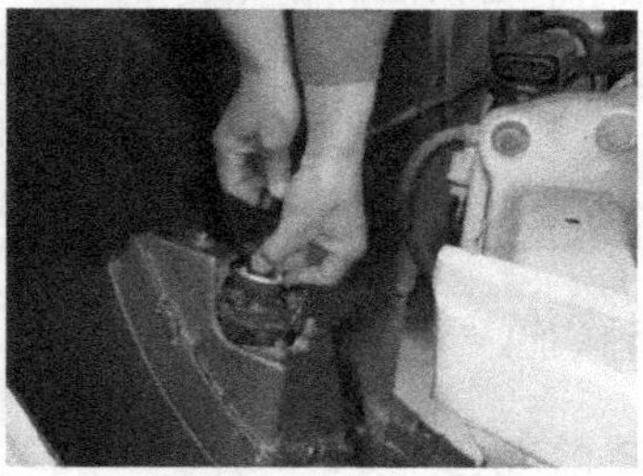
	将保险杠安装回车身,注意边角缝隙对齐,拧紧所有六角螺栓及卡扣螺栓	 
车辆检查	打开点火开关,检查仪表指示灯等各项部件是否正常。再次打开车灯,检查灯光是否正常,注意灯光高度是否适中,及时调整	
交车	将车内防护撤掉,做好车辆清理,认真填写质保卡,并交给车主	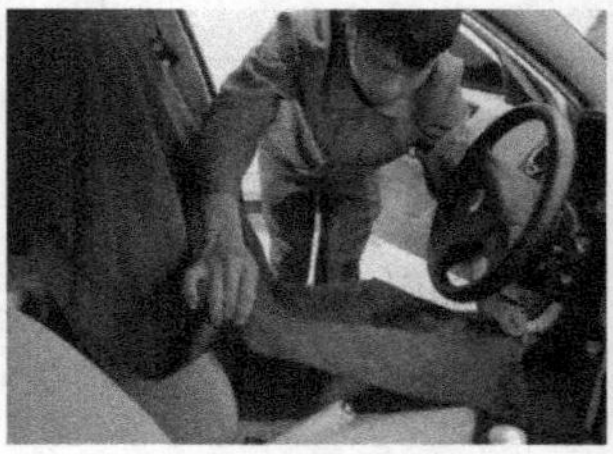 

（二）验收标准

汽车灯光系统升级时，直接涉及夜晚行车的人身安全，为确保行车安全，需注意以下几点，见表4-6。

汽车灯光系统升级验收注意事项　　　　　　　　　　　　表4-6

项　目	注　意　事　项
品牌及质量	由于氙气灯是个工艺和技术十分复杂的零配件，质量差的氙气灯寿命往往很短，变压盒和灯泡都很容易烧坏，而且色温亮度和散射角度也往往不符合要求，所以最好选择有一定知名度的品牌
符合法规	有些车主为了追求个性，选择色温过高的氙气灯，色温过高的灯光会刺激路人和对方车辆驾驶员的眼睛，严重影响行车安全。此外，夜间行车时会用到一些灯光信号语，比如连续切换远近光灯示意前车、对方车辆等，如果选择超出法规规定色温的前照灯，使用灯光信号语时会严重刺激对方驾驶员的眼睛，造成安全隐患
安全原则	汽车灯光升级时，不要选择超过6000K的色温，因为色温越高，亮度反而越低，而且穿透力明显下降。因此6000K以上的色温仅用于装饰、个性改装，推荐最适合人眼分辨率的4300K色温

二、任务实施

（一）安装前准备

氙气灯的安装前准备工作包括知识准备、客户接待、产品推荐、车辆入位、车况检查、工具准备、车辆防护等。

活动：根据企业7S管理要求，结合氙气灯安装项目流程，归纳总结氙气灯安装前准备的具体内容及要求，并完成表4-7的填写。

氙气灯安装前准备任务　　　　　　　　　　　　表4-7

项　目	准备内容	具体要求
客户接待		
产品推荐		
车辆入位		
车辆检查		
工具准备		
车辆防护		

（二）安装工具认识

活动：认真观察组合工具实物，查阅资料或咨询教师，记录各工具的名称及规格（图4-5）。

项目四 氙 气 灯

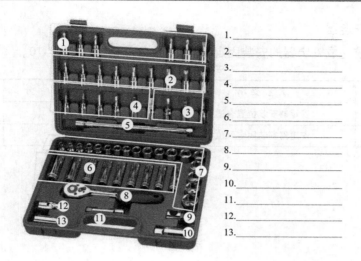

1. _____
2. _____
3. _____
4. _____
5. _____
6. _____
7. _____
8. _____
9. _____
10. _____
11. _____
12. _____
13. _____

图 4-5　组合工具套

(三) 布线、接线

活动：完成氙气灯布线、接线任务，并进行任务总结，填写表 4-8。

氙气灯布线、接线任务　　　　　　　　　　　　　　　表 4-8

项 目	工 艺 要 求	分 值	得 分	不 足
走线准备	工具准备到位，车辆检查到位	5		
线束连接	线束正负极连接正确	5		
走线固定	线束固定到位，美观	5		
改进建议：				

(四) 安装氙气灯

活动：按流程拆除原车前照灯，安装氙气灯，并进行任务总结，填写表 4-9。

安装氙气灯任务　　　　　　　　　　　　　　　　　表 4-9

项 目	工 艺 要 求	分 值	得 分	不 足
拆卸前照灯	正确拆卸原车前照灯	10		
安装前照灯	安装氙气灯到位	10		
工艺	灯座紧贴灯杯，汽车外观及线路无损伤	5		
改进建议：				

(五) 安装安定器

活动：按要求完成安定器的安装固定，并进行任务总结，填写表4-10。

安装安定器任务　　　　　　　　　　　　　　　表4-10

项　目	工艺要求	分　值	得　分	不　足
安装位置	安定器安装位置合适	10		
安装固定	安定器安装固定到位	10		

改进建议：

(六) 测试调整

氙气灯安装完成后，检查连线是否正确，螺钉是否齐全稳固，清理安装现场，做好现场7S管理。起动车辆，通电测试氙气灯是否点亮，有无不良情况出现。在确定无不良情况后，将线束、引线用扎带固定在车体上，特别是安定器的高压输出线根部一定要固定在车体上，以免汽车工作中的高频率振动造成断线而使安定器不能工作。

开启发动机，检查氙气灯是否正常，仪表盘的各种指示灯是否正常，光形是否正确，调整灯形，做好安装记录，以备下次安装或维护时查阅。

活动：完成氙气灯的测试调整，并进行任务总结，填写表4-11。

氙气灯测试调整任务　　　　　　　　　　　　　表4-11

项　目	工艺要求	分　值	得　分	不　足
测试前检查	检查氙气灯各部分安装固定到位，线束连接正确，固定牢固	10		
检查仪表显示	仪表盘各指示灯正常	10		
检查灯光	检查调整灯光	10		
告知客户	告知客户使用注意事项	10		

改进建议：

任务评价

安装氙气灯任务评价见表4-12。

安装氙气灯任务评价　　　　　　　　　　　　表4-12

能　力	评价内容	分　值	自　评	互　评	教师评
专业、方法能力 （60分）	安装前准备流程清晰，项目具体	10			
	严格按照工艺标准进行走线固定	10			
	能够读懂接线图，并完成接线任务	10			
	完整拆卸原车大灯，安装氙气灯	10			
	安装氙气灯流程清晰，快速完成氙气灯安装	10			
	按照正确流程对氙气灯进行测试调整	10			
综合能力 （40分）	具有良好的团队分工及协作表现	10			
	具有良好的表达沟通能力	10			
	积极参与课堂活动	10			
	纪律表现良好	10			
	合计	100			
	总评				
评语	自评： 　　　　　　　　　　　　　　　　　　　　　　签字： 互评： 　　　　　　　　　　　　　　　　　　　　　　签字： 教师评： 　　　　　　　　　　　　　　　　　　　　　　签字：				

拓展提高

1. 安装氙气灯对原车电路是否有影响？填写表4-13。

问　答　题　　　　　　　　　　　　　　　　表4-13

有　影　响	无　影　响
理由：	理由：

2. 查阅资料,了解 LED 灯泡改装流程。

项目五 汽车音响

工作情景描述

随着物质生活的不断丰富,人们对精神生活要求越来越高,欣赏水平也随之提高,汽车音响也越来越受到重视。从爱迪生发明留声机100多年以来,现代电子技术和高端汽车科技产生了非常好的融合。现在的汽车音响属于个性化产品,体现了科学与艺术等多方面的结合。结合车主的不同喜好,在经过不同的设计搭配改装后,绝大部分车辆的影音器材效果是不同的。当然,汽车音响改装对于改装技师的要求也是很高的,要求其掌握电声学、机械与振动、音乐心理学、材料科学、声学、艺术设计等多方面的理论知识与实操技术。

任务1 认识汽车音响

学习目标

1. 能够描述汽车音响主机的功用、类型,解读主机的参数,并完成主机功用演示;
2. 能够描述前级放大器的类型及功用;
3. 能够描述功率放大器的功用及类型,识别功率放大器的参数,并完成功率放大器各部分功用的调试;
4. 能够描述扬声器的类型及运用范围;
5. 能够描述汽车音响电子附件类型及功用;
6. 能够共同学习,养成良好的职业道德及严谨的工作作风。

建议学时

4 学时。

学习引导

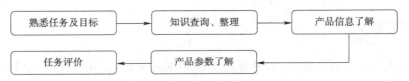

任务实施

汽车音响系统一般由主机、前级放大器(如均衡器、分频器等)、功率放大器和扬声器构成,还包括线材、保险、电容、电感等小附件,如图 5-1 所示。

图 5-1　汽车音响配件

音频信号通过主机输出后,经前级放大器处理,功率放大器放大,再输出驱动扬声器。主机就像人的大脑,要发出什么样的声音,得由大脑来控制。而扬声器就像人的喉咙,发出的声音是否甜美,就要看其嗓音如何。

一、主机

汽车音响主机,也称音响系统的音源。音源有两层含义,一层含义是指记录声音的载体,只有把声音记录在某种载体上,才能用音响设备把载体上的声音还原出来,这些载体是影音系统中的声音来源,如 CD 光盘、DVD 光盘等;另一层含义是指播放音源载体的设备。

主机是汽车音响系统中最重要的组成部分,因此,主机的选择是汽车音响系统升级的关键,除了需要了解主机的功能特色以外,还需要了解它的主要参数。好的主机不仅能表现出胜于原车主机的立体声,还能表现出更纯净、更丰富、更细腻的声音,除此之外还可以增加美观性。

(一)主机的分类

1. 按尺寸、使用范围分

主机主要安装在仪表板上,由于仪表板的空间比较狭窄,主机体积受限制,因此,国际上就产生了通用的安装孔标准,称为 DIN(德国工业标准)。标准的 DIN 尺寸为 178mm×50mm×153mm,这样的主机称为单锭机,如图 5-2 所示。有些比较高级的主机带多碟或者大显示屏,安装孔尺寸为 178mm×100mm×153mm,又称 2 倍 DIN 尺寸,这样的主机称为双锭机,如图 5-3 所示。

图 5-2 单锭机

图 5-3 双锭机

2. 按音频信号格式分

汽车音响主机按音频信号格式分有 AM/FM 收音机、卡带机(也称磁带机)、CD 机、DVD 机、MINI DISC(MD)机、MP3 播放器等。

活动:查阅资料,结合日常生活中所见,认识各种类型的主机,填写表 5-1。

各类主机的特点　　　　　　　　　　　　　表 5-1

主机类型	优　点	缺　点
AM/FM 收音机		
卡带机		
CD 机		
DVD 机		
MINI DISC(MD)机		
MP3 播放器		

(二)主机的性能指标

主机的性能指标是评价一台主机性能好坏的指标,主机的主要性能指标有输出功率、频率响应、信噪比、总谐波失真、RCA 输出路数及输出灵敏度等。

活动:查阅资料,学习主机的主要性能指标所代表的含义及参数范围。

输出功率：_____
_____

频率响应(Hz)：_____
_____

信噪比(S/N)：_____
_____

总谐波失真(THD)：_____
_____

RCA 输出路数：_____
_____

输出灵敏度：_____
_____

二、前级放大器

所谓前级放大器，是在信号源(主机)之后、功率放大机之前设备的统称。简单来说，前级放大器是用来控制或修饰音频信号的设备，如高低电平转换器、均衡器、分音器、DSP 等。

(一) 均衡器

均衡器是一种可以分别调节各种频率成分电信号放大量的电子设备，通过对各种不同频率声源号的调节来补偿扬声器和声场的缺陷，起到补偿和修饰声源信号的功用。一般均衡器可以调节高频、中频、低频三段频率。均衡器的功能主要有调节音色、调节音场及抑制声反馈。图 5-4 所示为均衡器信号端子。

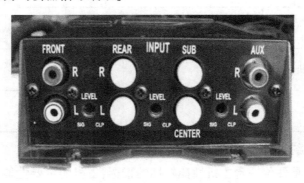

图 5-4　均衡器信号端子

活动：查阅资料，学习均衡器上各信号端子及旋钮的含义。

FRONT：_____
AUX：_____
INPUT：_____
REAU：_____
SUB：_____
CENTR：_____

（二）分音器

为了使声音效果最好，将不同的频率范围分别送到不同频率的扬声器单体，通过高通或低通的电子电路，将全音域频率分割为低频、中频及高频音域，此种高低通的电子电路，统称为分音器。分音器分为主动式分音器与被动式分音器，其中主动式分音器又称电子分音器，如图5-5所示。

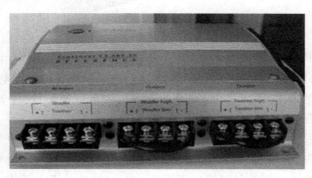

图5-5　分音器

活动：查阅资料，学习分音器上各接线端子的含义。

INPUT：_____
WOOFER：_____
TWEETER：_____

（三）高低电平转换器

高低电平转换器，俗称高转低，用以将主机直接输出给喇叭的高电平信号经过处理转换为低电平信号，使之与功率放大器匹配。高低电平转换器大致可分为两类，一类是采用简单的功率电阻或分压器，将高电平信号转换为低电平信号；另一类是原厂主机和功率放大器之间的适配器，这类适配器通常用在主机没有RCA信号（低电平信号）输出的原车主机上，可以获得最低的噪声和最佳的音质表现。

（四）DSP

DSP是数字信号处理器的英文缩写，是带数字音频处理器功能的前级放大器，内置DSP处理芯片，将信号进行电子分频、时间延时及EQ均衡处理，再经RCA输出到各级功率放大器后级部分。

DSP的调试需要有丰富的调试经验和熟练的调音技术才能获得良好的效果，调试不当，可能使声音劣化甚至烧坏喇叭。

三、功率放大器

功放是功率放大器的简称,是各类影音器材中最大的一个家族,其功用主要是将前级放大器及输入较为微弱的音频信号进行放大,产生足够大的电流来推动扬声器,进行声音的重放。如果把主机比喻为人的大脑,那么功率放大器就是汽车音响系统中的"心脏"。如图 5-6 所示。

图 5-6 功率放大器

(一) 功率放大器的类型

功率放大器由前置放大、功率放大(后级放大)、电源以及各种保护电路组成。按声道数量分,功率放大器有单声道、两声道、四声道、五声道、六声道等多种;按管路类型分,功率放大器可分为胆机和石机。

1. 按管路类型分

(1) 胆机:即电子管放大器,简称电子管功率放大器。电子管功率放大器采用高压、低电流工作状态,末极功率放大器管的屏极电压可达 400~500V 甚至上千伏,而流过电子管的电流仅几十毫安至几百毫安。其特点是动态范围大、线性好,音色美,声音悦耳温顺,适合古典音乐,但内阻大,阻尼系数小,影响瞬时特性,在汽车上使用环境恶劣,限制了胆机的使用。

(2) 石机:即晶体管放大器,简称晶体管功率放大器。晶体管功率放大器是在低电压大电流下工作的,其电压仅在几十伏之内,但电流则高达几安或者数十安。电路设计大多采用直耦式无输出变压器电路,这样的输出功率比会相当大。其特点是阻尼系数高,有良好的瞬时特性,声音节奏感和力度强,且无须变压器,节省成本的同时避免了由变压器引起的失真,是汽车音响的主流产品。

2. 按导电性之分

按导电方式分,功率放大器可分为 4 种,即:甲类功率放大器、乙类功率放大器、甲乙类功率放大器、丁类功率放大器。

活动:查阅资料,区分 4 种类型功率放大器的特点,填写表 5-2。

各类功率放大器的特点　　　　　　　表 5-2

类　型	优　点	不　足
甲类功率放大器		
乙类功率放大器		

续上表

类　　型	优　点	不　足
甲乙类功率放大器		
丁类功率放大器		

（二）功率放大器的主要功能

1. Gain 增益调节

有些功率放大器用 Input Level 输入电平、Level 电平或 Sensitivity 输入灵敏度指示，用于将功率放大器的输入电压与主机传输的信号电压匹配至理想状态，以保证功率放大器在不失真功率下工作。这个功能最直接的体现是音量的大小，但不仅仅于此，而是与主机信号匹配的输入灵敏度设置。

2. 电子分音

电子分音有 FULL（全频段）、HP（高通）、LP（低通）三种选择。选择 FULL 时，不对音频信号做任何处理，直接输送到后级电路；选择 HP（High Pass）时，全频段信号通过高通滤波器后，高于该频率点的信号通过，再输送到后级电路；选择 LP（Low Pass）时，全频段信号通过低通滤波器后，低于该频点的信号通过，再输送到后级电路。

3. 音频信号输入选择

音频信号输入有 RCA 信号（低电平信号）和 Speaker Input 输入（高电平信号）两种输入方式。如果要获得良好音质，可采用 RCA 输入；若主机无 RCA 信号输出，采用 Speaker Input 输入可先在功率放大器内部转化为低电平信号再做一系列处理。

4. 音调调节

功率放大器设置有低音和高音部分调节，通常可设置低音在 45Hz、高音在 10KHz 两个频率中心调节，调整范围为 0~12dB。调整可使低音更加有力度感和量感，高音更加清晰明亮。

5. 相位调整

相位调整一般用于低音功率放大器上，用来调整输出信号的相位，普遍设置为 0°和 180°开关。

（三）功率放大器的性能指标

功率放大器的性能指标是评价一台功率放大器性能的标准，功率放大器的主要性能指标有输出功率、频率响应、信噪比、失真度、输入灵敏度、阻抗、阻尼系数及工作电压等。

活动：查阅资料，学习功率放大器的主要性能指标所代表的含义及参数范围。

输出功率：_____

_____

频率响应：_____

_____

信噪比：_____
_____

失真度：_____
_____

输入灵敏度：_____
_____

阻抗：_____
_____

阻尼系数：_____
_____

工作电压：_____
_____

四、扬声器

扬声器俗称喇叭，它的功用是将经功率放大器放大的音频信号转换成声音信号并向周围的空气媒介辐射。

(一) 扬声器的类型

扬声器按发声范围可分为全频扬声器、高音扬声器、中音扬声器、中低音扬声器和低音扬声器五种。全频扬声器即同轴扬声器(图5-7)，它的低频单元和高频单元被设计在了同一轴心线上，外侧是低频，内侧是高频，但发声点在同一物理位置。分频套装扬声器分两分频(图5-8)和三分频两种，两分频由高音单元(图5-9)和中低音单元组成(图5-10)，三分频则再加上中音单元。

图 5-7 全频扬声器

图 5-8 两分频扬声器

图 5-9　高音扬声器　　　　　　　图 5-10　中低音扬声器

活动:查阅相关资料,总结归纳不同类型扬声器的特点,填写表5-3。

不同类型扬声器及特点　　　　　　　　　　表 5-3

序号	种　　类	概　　念	特　　点
1	全频扬声器	能同时覆盖低音、中音和高音各频率段的扬声器,可以播放整个音频信号范围内的信号	
2	高音扬声器	主要播放高频信号的扬声器	
3	中音扬声器	主要播放中频信号的扬声器	
4	中低音扬声器	主要播放中低频信号的扬声器	
5	低音扬声器	主要播放超低频信号的扬声器	

(二)扬声器的性能指标

绝大部分车主在首次升级汽车音响系统的时候都选择升级扬声器,不同品牌、档次的扬声器的音乐特性差别很大。在选择扬声器时,读懂相应的参数是必不可少的功课。

活动:查阅资料,认识扬声器的主要参数。

额定功率:_____

_____

频率特性:_____

_____

额定阻抗:_____

_____

谐波失真:_____

_____

五、汽车音响电子附件

(一) 电容

图 5-11　电容

电容是一种储能元件,能瞬间完成充放电,在电路中用于调谐、滤波、耦合、旁路、能量转换和延时。在汽车音响系统中能帮助低音功率放大器稳定工作,使超低音表现得更加完美。例如在夜间行驶中打开影音系统,播放的音乐中有低频段时,前照灯会随着音乐节拍的起伏而明暗忽现,这是由于发电机无法及时供应功率放大器所需的电力而导致电压下降造成的。电容内部的电阻较低,它可以瞬间提供大量的电力,且比蓄电池供应更快。加装电容可以防止电压下降,保证影音系统持续播放动态音乐,如图 5-11 所示。

活动:查阅资料,了解电容的安装注意事项和安装方法,并做简要说明。

_____
_____
_____
_____
_____

(二) 熔断丝

熔断丝也叫保险丝,用于过载电流保护。它在汽车音响系统中是最重要的组件部分,其主要功能是保护电子设备。当电子设备有过大电流通过的时候,或者发生短路,它将在损坏设备之前断开线路,因为电子设备的生产厂商规定了断开电路的熔断丝额定电压。如果熔断丝采用得比规定规格大,在安装设备时发生错误,则可能会引起设备烧毁,如图 5-12 所示。

熔断丝一般用来保护后面的电路。从图 5-13 可以看到,在蓄电池和功率放大器之间有一个熔断丝,熔断丝能用来保护导线 B 和功率放大器,而导线 A 不受熔断丝保护,所以导线 A 一定要尽可能地短。

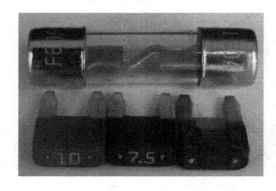

图 5-12　熔断丝

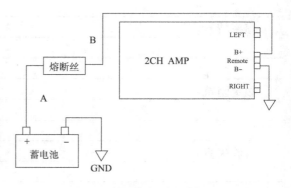

图 5-13　熔断丝正确连接方法

活动:结合熔断丝连接方法,分析图 5-14 中各熔断丝保护的线路,并简述该种连接是否可行。

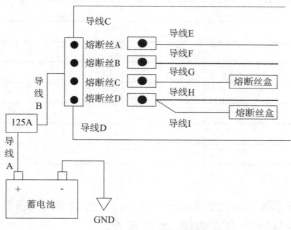

图 5-14　熔断丝保护电路

(三)线材

常见的汽车音响线材大致有三种:电源线(图 5-15)、扬声器线(图 5-16)和信号线(图 5-17)。其中,信号线和扬声器线的功用是传输信号、阻抗变换、音色修饰。

图 5-15　电源线　　　　　　　　图 5-16　扬声器线

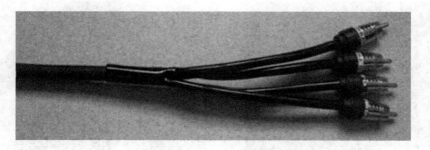

图 5-17　音频信号线

活动:查阅资料,简述扬声器线与音频信号线的区别以及音响改装中如何选用线材。

(四)端子

端子分为 O 形端子(图 5-18)、Y 形端子(图 5-19)、RCA 端子、扬声器端子(图 5-20)等,主要用途是使连接点阻抗降低,施工方便、美观、安全。

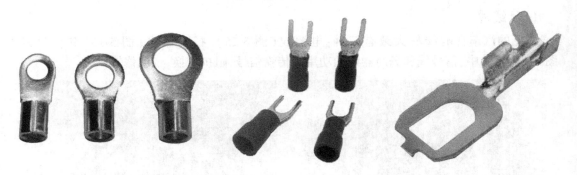

图 5-18　O 形端子　　　　　图 5-19　Y 形端子　　　　　图 5-20　扬声器端子

(五)护线套配件

束线带(图 5-21)、热收缩管(图 5-22)、配线固定钮、扣式护线套等配件均是为整理线材的稳定性、牢固性、安全性、美观性而设计的。

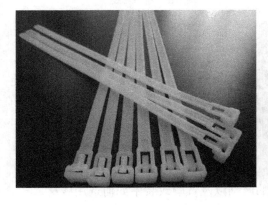

图 5-21　束线带

图 5-22　热收缩管

任务评价

认识汽车音响任务评价见表5-4。

认识汽车音响任务评价　　　　　　　表 5-4

能　力	评价内容	分值	自　评	互　评	教师评
专业、方法能力 （60分）	描述主机功用、区分不同类型主机	10			
	主机面板功能及参数认知	10			
	均衡器、分音器认知	10			
	功率放大器类型及主要参数认知	10			
	扬声器类型及主要参数认知	10			
	其他电子附件认知	10			
综合能力 （40分）	具有良好的团队分工及协作表现	10			
	具有良好的表达能力	10			
	积极参与课堂活动	10			
	课堂纪律表现良好	10			
	合计	100			
	总评				
评语	自评： 签字：				
	互评： 签字：				
	教师评： 签字：				

任务2　汽车音响方案设计

学习目标

1. 能够描述汽车音响与民用音响的不同，并总结汽车音响的基本要求；
2. 能够描述汽车音响改装的基本原则；
3. 能够区分原理图、安装图与电路框图，并做出实际的音响改装电路框图；
4. 能够根据实际音响改装设备设计改装方案；
5. 能够共同学习，养成良好的职业道德及严谨的工作作风。

建议学时

6学时。

学习引导

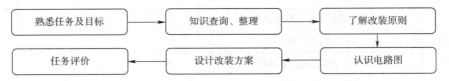

任务实施

一、汽车音响与民用音响的不同

汽车音响和民用音响在理论上是相同的,同时,汽车音响和民用音响也有很多不同的地方,特别是汽车音响在安装环境、安装技术、安装工艺、调试的方式上要比民用音响复杂。

(一) 外形结构不同

从器材的外形上来讲,汽车音响和民用音响有很大的不同。汽车音响主机的体积由于受到汽车仪表板面积的限制,所以较小。汽车音响采用的材质是高密度贴片式元器件,多层立体装配结构方式,在有限的体积中,它可以容纳卡带或者CD光盘,还有调谐器、功率放大器、高低音控制等功能部件,在技术设计方面要求很高,所以在成本上也相对较高。

(二) 视听环境不同

汽车音响的使用环境要比民用音响的使用环境恶劣得多,车内空间有限、声波的衍射、高温、废气、灰尘和振动等因素,均要求汽车音响具有较强的抗干扰能力,使汽车音响在不同环境下都能正常工作,所以安装的线材与器材连接必须固定、牢靠,以免发生危险。加之汽车行驶在不同等级的路面上,使音响器材经常受到振动和冲击,因此汽车音响必须在结构上具有抗振性能。

(三) 采用电压不同

民用音响采用220V民用电压,而汽车音响采用车载12V车载电压。汽车发动机及各种用电器都共享一个蓄电池,电磁干扰会透过电源导线和其他线路对音响系统产生影响,汽车音响受电磁干扰概率要比民用音响大很多。

(四) 调频收音灵敏度不同

汽车调频收音的灵敏度很难达到与民用音响一样的程度。汽车在道路上行驶,既有位置变化又有外界环境影响(如高层建筑、桥梁、电线网等遮掩屏蔽),要确保调频收音使用正常,就必须要求收音部分在灵敏度、选择性、信噪比方面都具有更高的性能,对AGC(自动增益控制)和AFC(自动频率控制)的要求也很高,同时还需利用数码合成调谐器来保证收音部分的灵敏度,来增强抗振和调谐的稳定性。

(五)功率放大器搭配设置不同

民用音响通常只需要配置一台功率放大器就够了,一般的配置只有前级+后级的模式。而汽车音响的声道往往比民用音响多,在较为合理的配置中需要安装多台功率放大器来推动不同作用的器材系统,以便能调校出不同作用的听音效果。

活动:结合汽车音响与民用音响的不同,总结汽车音响改装需解决的问题。

二、汽车音响改装原则

由于汽车内空间狭小,车内常有高温、低温、振动,同时存在各种噪声以及由驻波引起的共鸣,这就形成了一个相对较复杂的音响环境。在这种环境下,配置一套具备较好收听效果的影音系统,需注意以下几点。

(一)安全性原则

车辆在出厂时,其原车电路系统的电流、功率都已设计完整,在进行汽车音响升级等大功率电路改装过程中,把这些额外所需的电流加装到原车电路系统中,会超出原车电路所能承载的范围。在升级影音设备时,电源线路需独立于原车电路系统,从蓄电池上单独接出专供影音器材的电路,并在前后配置熔丝座加以保护,而接线部分必须使用保护套管,以保障车辆的安全。

(二)系统的平衡性

搭配汽车音响时一定要考虑音响各个组成部分的平衡,即主机、功率放大器、扬声器和线材等都要进行恰当的选择,合理使用。切忌在配置中使用相差悬殊的设备器材。

(三)大功率输出原则

所谓大功率输出原则,是指在一套影音系统中,主机或功率放大器的输出功率一定要大,因为功率输出越大,表明其能够控制的音频线性范围越大,这也就意味着其驱动扬声器的能力越强。而小功率的功率放大器不仅容易引起声音上的失真,更会导致烧毁功率放大器或者扬声器线圈。

(四)音质自然重放原则

所谓重放,是指播放出来的音乐与原来的音乐变化不大。音质评价时的一个重要指标便是频响曲线的平滑性。曲线的平滑性是指每个音域的声音音量大小,每个音域的声音都一致,其曲线的平滑性就好。平滑性越好,视听效果就越好。

汽车音响升级,无论是主机、功率放大器还是扬声器,都必须具有非常平滑的频响曲线。要求能提供线性的、完美的低音重放效果,而不仅仅是对超低音进行盲目的修饰和人为加重。

(五)售后服务保障

售后服务能否持久对汽车音响系统升级有决定性的影响,很多汽车音响器材在国外表现不错,都是因为在售后服务质量方面跟得上产品的脚步,所以在选购改装器材时,必须多方面了解所选择的品牌是否能够保证售后维修工作。

活动:根据汽车改装原则,查阅资料,搜索汽车音响改装经典案例配置,并进行分析,填写表5-5。

汽车音响改装经典案例分析　　　　　　　　　　　表5-5

改装车型:			
配置	名称	品牌型号(备注数量)	价位
	主机		
	功率放大器		
	扬声器		
	电容		
	前级放大器		
	其他电子附件		
方案分析:			

三、电路图

电路图是汽车音响方案设计最直观的表现,汽车音响方案设计时常用的电路图有原理图、安装图及电路框图等。

(一)原理图

电路原理图用来说明电路元器件之间、执行电路之间、单元电路之间、元器件与单元电路之间的连接关系及工作原理,是设备调试与维修的依据。电路原理图中各元器件旁注明了元器件的代号(或参考数值),借助原理图分析电路中电流的走向,即可了解电路图对应设备的工作原理,如图5-23所示。

(二)安装图

电路安装图也称布线图,用于说明各元器件的实际形状、在设备中的连接方式和安装位置,表示各设备、构件之间的安装、连接关系。

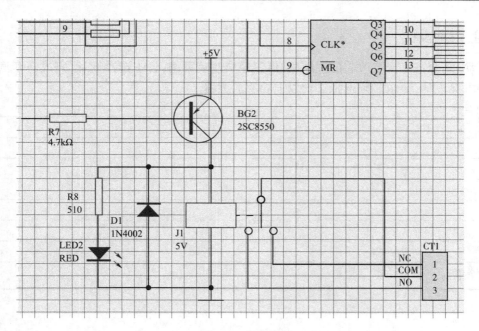

图 5-23 原理图

(三) 电路框图

电路框图又称方框图,用方框和连线表示电路的工作原理和构成概况,用于表示某一部分的电子线路的组成及其关系。每一部分可用一个方框表示其功能,每一方框再用文字或符号说明,各方框之间用线条连接,表明各部分的相互关系,便于从整体布局上掌握汽车音响电路,如图 5-24 所示。

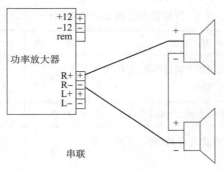

串联

图 5-24 电路框图

活动:汽车音响改装方案设计中最重要的作图方法是绘制电路框图,试完成电路框图作图。配置要求:1 台主机 + 1 台功率放大器 + 2 只扬声器。

四、方案设计

活动:结合汽车音响改装配置原则,借鉴经典改装案例,自主选择设备,完成一套汽车音响改装方案设计,要求必须选择 2 台以上功率放大器。

配置:_____

_____

_____

_____

_____

_____

_____

方案图:

任务评价

汽车音响方案设计任务评价见表 5-6。

汽车音响方案设计任务评价　　　　　表 5-6

能　力	评价内容	分　值	自　评	互　评	教师评
专业、方法能力 (60 分)	描述汽车音响与民用音响的不同,总结汽车音响改装需解决的问题	15			
	描述汽车音响改装原则,查阅经典改装方案	15			
	区分原理图、安装图与电路框图,并做完整的电路框图	15			
	完成汽车音响改装方案设计	15			
综合能力 (40 分)	具有良好的团队分工及协作表现	10			
	具有良好的表达能力	10			
	积极参与课堂活动	10			
	课堂纪律表现良好	10			
合计		100			
总评					

续上表

能　力	评价内容	分　值	自　评	互　评	教 师 评
评语	自评： 签字：				
	互评： 签字：				
	教师评： 签字：				

任务3　隔音工程

学习目标

1. 能够正确选用工具完整拆卸原车内饰；
2. 能够正确描述汽车隔音的原理；
3. 能够描述隔音材料的主流品牌，为客户选择合适的隔音材料；
4. 能够按照流程完成汽车隔音施工；
5. 能够共同学习，养成良好的职业道德及严谨的工作作风。

建议学时

6学时。

学习引导

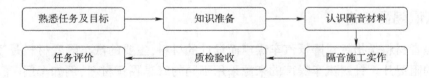

任务实施

汽车是一种动态工具，所以车体一直处于长期振动状态。汽车车身皆为由钢架构或其他材质组装成的一个密闭空间（车厢），而每一种车辆，又因原厂设计理念不同，如发动机的设计，减振系统，进排气方式，车门、车体的紧密度等，在静止或不同路面行驶状态下会产生不同程度的噪声,再经由钢板、车体共振、共鸣、声音放大,过大的噪声令人不舒服、产生耳鸣且容易疲劳,或干扰原本悦耳的音响效果等,因此对汽车进行隔音处理是专业汽车音响改装必不可少的内容。

一、汽车噪声控制原理

在汽车内听音乐与在家里欣赏音乐有一个最大的不同,就是车会在路面上快速移动。为了达到良好的听音效果,需要对音响器材提出更高的要求,同时车辆高速行驶时,风噪、胎噪及机械噪声会对音响系统产生干扰,因此需要对车辆进行噪声控制。

(一)减振

主要目的是尽量减少扬声器安装部位周围的振动。因为扬声器在工作时,音盆产生的振动会引起周边钢板部分振动,从而使音盆振动产生非线性失真,影响整体音质。

一般用固定法进行减振,在门板内侧,贴覆硬度较大的减振板,如胶板等材料,同时在扬声器安装部位加装刚性好的垫圈。

(二)隔音

一般采用双层的减振材料做吸声隔音的处理,同时在发动机舱盖、门板、地板、行李舱、室内车顶等处粘贴隔音材料。对于使用年限较长的车辆,最好重新装新的橡胶边条。

(三)密封

车门如同音箱的箱体,所以,要求门板有好的密封性。在做门板隔音时,利用铅板或铝板等将维修孔封闭,并将所有的部分用胶密封处理好。

活动:结合所学知识,归纳总结汽车噪声的来源有哪些。

_____

_____

_____

_____

_____

二、认识隔音材料

汽车隔音材料是指针对降低汽车噪声而设计的材料,主要的汽车隔音材料是丁基橡胶,属于环保的阻尼片。针对汽车噪声的来源采用不同的汽车隔音材料,例如车门、车顶、车窗、车底盘、行李舱、发动机舱盖等容易产生汽车噪声的部位,采用粘贴不同类型隔音材料的方法解决。目前市面上的隔音材料种类繁多,如何选择性价比高、质量可靠的隔音材料,是音响改装技师的必修课。

活动:查阅相关资料,学习汽车隔音材料的鉴别方法。

_____

_____

_____

三、拆卸原车内饰

隔音材料一般粘贴在车体内侧,因此,在粘贴隔音材料之前,必须拆卸原车内饰件,并进行清洁护理。

(一)拆卸原车门板

拆卸门板时要注意前门板右上角与后视镜饰板的接合处,避免划伤后视镜。另外在拆卸门板前,必须拔下电动窗插头。无论是前门板还是后门板,拆卸时都必须由下往上进行,而安装时则是由上往下。

活动:完成门板拆卸任务,填写表5-7。

门板拆卸任务评价　　　　　　　　　　　　　表5-7

项　目	具体要求	分值	自评	互评	教师评
工具选用	正确选用工具进行拆卸	20			
施工防护	防护到位	20			
电动插头	能够正确断开电动玻璃升降插头	20			
门板保护	不能在门板上留下划痕	20			
整理归类	对拆卸下来的部件进行整理归类	20			
工作任务完成总体情况 优点: 改进之处:		合计 分数:			

(二)拆卸原车座椅

活动:完成座椅拆卸任务,填写表5-8。

座椅拆卸任务评价　　　　　　　　　　　　　表5-8

项　目	具体要求	分值	自评	互评	教师评
工具选用	正确选用工具进行拆卸	25			
施工防护	防护到位	25			
真皮保护	不能在座椅上留下划痕或破损	25			
整理归类	对拆卸下来的部件进行整理归类	25			

续上表

项 目	具 体 要 求	分 值	自 评	互 评	教师评
工作任务完成总体情况		合计			
优点：		分数：			
改进之处：					

四、隔音处理

隔音材料主要是通过胶体粘贴在车身上面,因此,粘贴隔音材料之前务必将粘贴面清洁干净,保证粘贴效果。

活动:结合隔音材料施工要点,完成隔音处理任务,填写表5-9。

隔音处理任务评价　　　　　　　　　　　　　　　表5-9

部 位	要 点	效果检查
发动机舱盖	使用发动机舱盖专用隔声隔热棉施工。材料的边缘要裁剪整齐,粘贴要美观大方,中间部位粘贴牢固,没有气泡。表面的异形吸音槽走向为横向。施工时,隔声隔热棉背面和发动机舱盖的内表面都要刷上平静强力胶,适当晾胶后粘贴。原车有发动机舱盖隔热板的,可以不施工发动机舱盖部位	
挡火墙	挡火墙部位原车具有的隔热垫保留,直接在原车隔热垫上施工。先借助平静强力胶黏剂粘贴一层挡火墙专用的三明治隔声吸声棉,再往三明治隔声吸声棉的表面刷适量强力胶,晾胶后再粘一层平静阻尼隔声止振垫(胶不要直接涂在止振垫上)。挡火墙部位的施工一定要细致,追求面积的完整全面。凡肉眼能看到的面积大于20cm^2的空位均应施工到。车架号位置要留出,距离排气管附近10cm范围内也不要施工任何隔声材料	
U形槽	U形槽施工的重点为靠近仪表台的立面和下底面,凡是手能触摸到的、不影响刮水器工作的部位,均要施工一层平静阻尼隔声止振垫。注意:U形槽两端的排水孔不能堵死;粘贴止振垫后边角都要按压结实	
前翼子板	前翼子板的隔音处理,首先要拆卸轮胎上方的塑料护板,清洁钣金的内侧表面。施工时要在翼子板内表面中央位置先贴一块阻尼隔声止振垫,然后粘贴一层平静阻尼隔声吸声棉,棉的粘贴面积不得少于前翼子板总面积的70%。最后用平静阻尼隔声吸声棉,对翼子板内靠近前门合页处的竖直缝隙进行封堵。前翼子板施工位置特殊并且振动较大,因此隔声材料必须确保粘贴牢固。硬度较大的沥青类止振材料不适宜在此部位使用	

续上表

部 位	要 点	效果检查
驾驶舱地板	先使用阻尼隔声止振垫把整个驾驶舱地板满铺一层,其中中央扶手箱下隆起的部位也要完整粘贴一层,前排地板施工时,应沿地板钣金尽可能向仪表台下粘贴,手能触及的防火墙内侧钣金均应处理,固定座椅的钣金骨架不要施工。然后用平静阻尼隔声吸声棉对前后排地板进行第二层粘贴,某些特殊车型不能用阻尼隔声吸声棉做第二层的,则在同等部位继续使用阻尼隔声止振垫代替隔声吸声棉施工第二层。注意中央扶手箱下隆起部位和后排座椅下方地板只施工一层阻尼隔声止振垫,不再贴阻尼隔声吸声棉。有些车型离合、制动踏板、加速踏板下方的局部可以不贴隔声吸声棉,以免影响正常操作	
四车门隔音	先使用阻尼隔声止振垫对车门钣金的中央部位进行止振处理,然后使用平静阻尼隔声吸声棉满铺一层,施工时要避开车门内部的防撞杆和加强筋。每个门内阻尼隔声止振垫用2块	
行李舱底板	先用阻尼隔声止振垫对整个行李舱底板满铺一层,然后用阻尼隔声吸声棉满铺第二层,某些特殊车型不能使用阻尼隔声吸声棉做第二层施工的,在同等部位使用阻尼隔声止振垫代替隔声吸声棉进行第二层施工	
行李舱内轮弧	使用阻尼隔声止振垫对后轮弧内侧完整满铺一层,不漏缝隙	
行李舱翼子板	对于三厢车,每侧翼子板先使用2块阻尼隔声止振垫对钢板中央部位进行处理,然后用阻尼隔声吸声棉完整地贴满第二层。在不影响内饰件正常回装的前提下,后翼子板空腔内凡手能触摸到的车身钢板均应粘贴阻尼隔声吸声棉。对于两厢车,止振垫用量适当减少,部分车翼子板空腔无法施工的,则使用阻尼隔声止振垫对翼子板内侧钣金满铺一层	
行李舱部位	对于三厢轿车行李舱盖已经有一层内衬板的,则在钣金上的凹陷部位粘贴一层平静阻尼隔声吸声棉,龙骨部分不粘贴,然后回装原车内衬板。如果原车没有内衬板,则大面积粘贴一层阻尼隔声吸声棉,边缘要圆滑美观。对于两厢车,则通过行李舱门孔洞向空腔内粘贴一层阻尼隔声吸声棉	
工作任务完成总体情况 优点: 改进之处:		总评:

任务评价

隔音工程任务评价见表5-10。

表5-10 隔音工程任务评价

能　　力	评价内容	分　值	自　评	互　评	教 师 评
专业、方法能力 （60分）	描述汽车噪声控制方法及汽车噪声来源	15			
	运用正确的方法鉴别隔音材料	15			
	正确选用工具拆卸原车内饰	15			
	完成全车隔音处理	15			
综合能力 （40分）	具有良好的团队分工及协作表现	10			
	具有良好的表达能力	10			
	积极参与课堂活动	10			
	课堂纪律表现良好	10			
合计		100			
总评					
评语	自评： 签字： 互评： 签字： 教师评： 签字：				

任务4　制作模具

学习目标

1. 能够描述不同模具材料特性，正确选用材料进行模具制作；
2. 能够归纳A柱倒模施工流程，并按照流程完成A柱倒模；
3. 能够描述低音箱体的种类及特点，并进行容积计算；
4. 能够正确选用工具完成低音箱体制作；
5. 能够共同学习，养成良好的职业道德及严谨的工作作风。

建议学时

6学时。

学习引导

任务实施

汽车音响改装过程中,要在原车基础上加装功率放大器、扬声器以及大尺寸低音扬声器,因此,制作模具是音响改装中不可或缺的工艺。模具的工艺很大程度上决定了改装车辆的整体美观及个性化,高工艺的模具表面光洁、外观新颖。模具可分为凸模和凹模,要求外观精美,用凹模;要求内面美观,用凸模。

一、认识模具制作材料

常见的模具制作材料主要有玻璃钢、金属模、木模、水泥模、黏土模和石膏模等。
活动:查阅资料,了解不同模具制作材料的特点,填写表5-11。

不同模具材料的特点   表5-11

材　　料	优　　点	缺　　点
玻璃钢		
金属膜		
木模		
水泥模		
黏土模		
石膏模		

二、A柱倒模

高音喇叭,在整个汽车音响系统中对声场定位起到了决定性的作用。所以在改装中,可以经常见到将A柱倒模,进行高音定位。这样做的好处很多,可以提升整个声场的宽度和深度,避免高音的无谓损失反射;可以更好地调校角度,使整个声场的定位更加准确;好的A柱倒模,可使其与原车外观融为一体,富有个性。

活动:完成A柱倒模任务,填写表5-12。

A 柱倒模务评价 表 5-12

项　　目	要　　求	分　值	自　评	互　评	教师评
拆卸 A 柱	正确选用工具完整拆卸 A 柱	20			
制作高音垫圈	正确选用材料制作高音垫圈	20			
涂原子灰	均匀无空隙	20			
打磨	打磨光滑,便于包革	20			
包革	包革稳固,无褶皱	20			
工作任务完成总体情况 优点： 改进之处：		总评 分数：			

三、制作低音箱体

由于超低音波的能量很大、扩散性强,如果不通过箱体结构来有效吸收超低音扬声器音盆运动时其中一面的声波,音盆两面成反相运作的声波就会互相干扰、抵消,因此需要制作超低音箱。制作超低音箱时,只有掌握超低音的运作原理、超低音音箱种类,以及各种有关超低音的调音方法,才能使超低音在汽车音响系统中发挥应有的效果。

（一）认识低音箱体

针对不同的扬声器特性和使用需求,超低音的箱体结构衍生出许多不同造型和外观,但总结起来,车上超低音箱体结构的种类仍摆脱不了密闭式、低频反射式、无限挡板式、推挽式、频段式这几种设计。

活动:查阅资料,认识不同类型低音箱体的特点,并做简单图例,填写表 5-13。

低音箱体种类及特点 表 5-13

类　型	优　点	缺　点	图　例
密闭式			
低频反射式			
频段式			
推挽式			
无限挡板式			

（二）准备工具材料

活动:查阅资料,确定制作低音箱体所需工具、材料,填写表 5-14。

低音箱体制作所需工具及材料 表5-14

	名 称	用 途	使用方法	使用注意事项
工具	卷尺			
	台锯			
	曲线锯			
	修边机			
	手电钻			
	气钉枪			
材料	木板			
	原子灰			
	万能胶			
	箱体棉			
	背胶绒布			
	自攻螺钉			

(三) 箱体容积计算

制作低音箱体之前,必须参考所选用的低音扬声器说明书的一些数据,有了相应的数据才能进行容积计算。

1. 确定音箱尺寸与相关参数

　f_s——自由大气下的单体谐振频率;

　Q_{ts}——与磁铁质量和音圈层数有关;

　V_{as}——单体柔顺性的等效空气体积;

　X_{max}——音圈的移动范围;

　S_d——单体的有效辐射面积;

　V_d——振膜的移动面积($S_d \times X_{max}$);

　Q_{tc}——期望响应值。

密闭箱设计公式：

$$a = (Q_{tc}/Q_{ts})^2 - 1$$
$$V_b(音箱体积) = V_{as}/a$$

音箱谐振频率：

$$f_c = (f_c/f_s) \times f_s$$

注意：气垫式的系统 a 值介于 $3\sim10$ 之间，如果 a 值小于 3，则是无限挡板式的范围，而当 $f_c=50\mathrm{Hz}$ 或更低时，选择密闭式音箱是比较合理的设计。

2. 密闭箱的容积计算

$$箱体容积 = V_{as}/(Q_{tc}/Q_{ts})^2 - 1$$

Q_{tc} 大于 0.707 时最好。

例：箱子容积 $= 4.2/(0.707/0.38)^2 - 1 = 1.7\mathrm{cuft}$①；

表示每一单体所需的空气容积；

以英寸去计算时出来的结果除以 1728，就等于 cuft；

体积即容积；

正方形或长方形体积计算公式：

$$体积 = 长 \times 宽 \times 高 = H \times L \times D$$

三角形体积计算公式：

$$体积 = \frac{1}{2}底 \times 高 \times 宽 = \frac{1}{2}L \times H \times D$$

圆形体积计算公式：

$$体积 = 半径^2 \times 3.14 \times 长 = R^2 \times \pi \times L$$

活动1：查阅低音扬声器产品说明书，了解相关参数，并计算所需箱体容积，填写表5-15。

计算箱体容积　　　　　　　　　　　　　　　表5-15

F_s:	Q_{ts}:	V_{as}:	X_{max}:	S_d:	V_d:	Q_{tc}:
计算过程：						

活动2：测量行李舱尺寸，确定低音箱体尺寸，填写表5-16。

确定箱体尺寸　　　　　　　　　　　　　　　表5-16

行李舱尺寸	长：	宽：	高：
部位	长(cm)		宽(cm)
底板			
后板			
上板			
侧板			
面板			

---

①　$\mathrm{cuft} = 0.0283\mathrm{m}^3$。

(四) 制作箱体

活动：完成箱体组装任务，进行任务评价，填写表 5-17。

箱体制作任务评价　　　　　　　　　　　　表 5-17

项　目	工艺要求	操作记录	备　注
工具使用	曲线锯、气钉枪等工具使用正确，无违规操作		
材料切割	遵循工具使用安全操作规程，切割方法正确，大小符合规格		
箱体组装	遵循工具使用安全操作规程，箱体组装牢固		
工艺	箱体密封完整，外形美观，毛边处理到位		

任务评价

制作模具任务评价见表 5-18。

制作模具任务评价　　　　　　　　　　　　表 5-18

能　力	评价内容	分　值	自　评	互　评	教师评
专业、方法能力 (60 分)	描述不同模具制作材料的特点	15			
	正确运用工具完成 A 柱倒模	15			
	正确套用公式完成低音箱体容积计算，并确定箱体尺寸	15			
	正确运用工具完成箱体组装	15			
综合能力 (40 分)	具有良好的团队分工及协作表现	10			
	具有良好的表达能力	10			
	积极参与课堂活动	10			
	课堂纪律表现良好	10			
	合计	100			
	总评				
评语	自评： 　　　　　　　　　　　　　　　　　签字： 互评： 　　　　　　　　　　　　　　　　　签字： 教师评： 　　　　　　　　　　　　　　　　　签字：				

任务5　布线、安装器材

学习目标

1. 能够描述布线原则与布线技巧；
2. 能够按照布线工艺要求完成布线；
3. 能够按照安装工艺要求完成主机的接线安装；
4. 能够按照安装工艺要求完成功率放大器的接线安装；
5. 能够按照安装工艺要求完成扬声器的接线安装；
6. 能够有效沟通，共同学习，养成严谨的工作作风。

建议学时

10学时。

学习引导

任务实施

汽车音响改装七分靠器材、三分靠技术。汽车音响不同于家用音响，不是买回家接上线就可以了。再好的主机、喇叭、功率放大器没有好的改装技术，不能用优良的辅材进行匹配、安装、调试，等于事倍功半，再好的音响品质也发挥不出来。

一、布线

汽车音响布线必须记住6个要领，即整齐、整洁、整合、牢固、安全、耐心。由于汽车在行驶过程中会产生各种频率的干扰，对汽车音响系统的听音环境产生不利的影响，因此对汽车音响系统的安装布线提出了更高的要求。

（一）线材选择

汽车音响线材选择时应注意以下几点：

（1）汽车音响线材的电阻越小，在线材上消耗的功率就越少，系统的效率越高。即使线材很粗，由于扬声器本身的原因也会损失一定的功率，不会使整个系统的效率达到100%。

(2) 线材的电阻越小,阻尼系数越大;阻尼系数越大,扬声器的赘余振动越大。

(3) 线材的横截面面积越大(越粗),电阻越小,该线的容限电流值越大,则容许输出的功率越大。

(4) 电源保险的选择。主电源线的保险盒离汽车蓄电池越近越好(最好在 450mm 以内),保险值大小可按以下公式加以确定:

保险值 =(系统各功率放大器的总额定功率之和×2)/汽车电源电压平均值

活动:根据所选用器材,结合计算公式,计算所需保险值,填写表 5-19。

电源保险值计算　　　　　　　　　　　　　表 5-19

功率放大器功率(kW)	
计算过程:	

(二) 电源线布线

电源线布线时,应注意以下几点:

(1) 所选电源线的电流容量值应大于或等于和功率放大器相接的保险管的值。如果采用低于标准的线材作电源线,会产生交流噪声并严重破坏音质。由于熔断丝只能保护后面的线路,要求熔断丝到蓄电池的距离尽可能短。蓄电池端导线至熔断丝座的距离,根据国际安全标准必须控制在 400mm 以内,如图 5-25 所示。

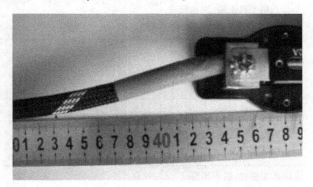

图 5-25　熔断丝到蓄电池距离

(2) 当用一根电源线分开给多个功率放大器供电时,从分开点到各个功率放大器布线的长度和结构应该相同。当电源线桥接时,各个功率放大器之间将出现电位差,这个电位差将导致交流噪声,从而严重破坏音质。当主机直接从电源供电时,会减少噪声,提高音质。

(3) 将电源(蓄电池)接头的脏物清除,并拧紧接头。如果电源接头很脏或没有拧紧,接头处容易发生接触不良,从而产生接触电阻。而接触电阻的存在,会导致产生交流噪声,从而严重破坏音质。用砂纸和细锉清除接头处的污物,同时擦上黄油。

(4) 当在汽车发动机系统附近布线时,应避免在发电机和点火装置附近走线,发电机噪声和点火噪声能够辐射进电源线。当将原厂安装的火花塞和火花塞线缆更换成高性能的类型时,点火火花更强,这时更易产生点火噪声。

(5)电源线的电缆和信号线一定要分开,最少间隔200mm,在周围可能有干扰信号(发电机或计算机模块)而无法避免的情况下,一定要和可能有干扰信号的电缆交叉排列,使两条线形成直角,这样可以消除电线的磁场,防止噪声。防盗器和中控锁也不要和音响的线路绑在一起,电缆要保证固定牢固,尽量绕大圈(多余的最好剪掉),接触点尽量大,避免产生热量。同时,布线要保证线材固定牢固,保持工整,如图5-26所示。

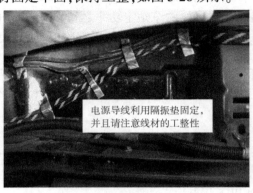

图5-26 线材固定

活动:完成电源线布线,并进行任务评价,填写表5-20。

电源线布线任务评价　　　　　　　　　　　　表5-20

项　目	工艺要求	操作记录	总结评价
熔断丝安装	选用工具正确,快速完成安装		
	熔断丝安装靠近电源,安装位置合适,接头无裸线外露		
线路布线	快速完成布线		
	走线位置选择合适,避开点火装置、行车计算机等		
线材固定	收紧线材,适当预留		
	捆扎、固定牢固,无松动		
整体效果	整体布线美观、整洁		

(三)扬声器布线

扬声器线最终的目标是要让音乐信号在传输过程中没有改变,也就是零失真。但在实际使用中,线材内部是存在着电阻、电容和电感等,会对通过的音乐信号产生影响,使得信号在传输中形成阻尼,产生漏失音乐信息和细节模糊等现象。设计精良的线路,能传送最清晰和无损的音乐信号,并具有平衡和易控制的特性。任何扬声器线都可等效为由电阻、电容和电感组成,所以扬声器线具有特殊的频率特性,也就是说,对不同频率的信号,会产生不同的时间延长,会造成传输速率不一样,并呈现不同的阻抗,这就是造成信号失真的最主要原因。

在扬声器布线时，车上使用的扬声器线应越短越好，且不能过度扭曲，因为扬声器单体的活塞运动，明显受制于功率放大器的阻尼系数值，倘若因扬声器线太长导致存在较大的阻力，便会大幅度降低功率放大器的阻尼系数，使声音不易受控制。

活动：完成扬声器布线，并进行任务评价，填写表5-21。

扬声器布线任务评价 表5-21

线 材 固 定	线 材 固 定	线 材 固 定	线 材 固 定
线材选择	选择合适的线材，避免线材过长		
	线材用绝缘带进行保护		
走线线路	快速完成走线		
	线材走线位置选择合适，避开点火装置、行车计算机等		
线材固定	收紧线材，适当预留		
线材固定	捆扎、固定牢固，无松动		
整体效果	整体布线美观、整洁		

（四）信号线布线

在进行信号线布线时，应注意以下几点：

（1）用绝缘胶带将音频信号线接头处缠紧以确保绝缘，当接头处和车体相接触时，会产生噪声。

（2）保持音频信号线尽可能短。音频信号线越长，越容易受到噪声信号的干扰。如果不能缩短音频信号线的长度，超长的部分要折叠起来，而不是卷起。

（3）音频信号线布线要离开行车计算机单元和功率放大器的电源线至少200mm。如果布线太近，音频信号线会拾取到感应噪声。最好将音频信号线和电源线分开布在驾驶座和副驾驶座两侧。如果音频信号线和电源线需要互相交叉，建议最好以90°相交。

（4）在车体内布电源线和布音频线所遵循的原则一致。

活动：完成信号线布线，并进行任务评价，填写表5-22。

信号线布线任务评价 表5-22

项　　目	工艺要求	操 作 记 录	总 结 评 价
线材选择	选择合适的线材，避免线材过长		
走线线路	快速完成走线		
走线线路	线材走线选择合适，避开点火装置、行车计算机等		
线材固定	收紧线材，适当预留		
	捆扎、固定牢固，无松动		

二、安装主机

(一)电源导线连接方式

电源导线连接方式:大多数主机有2个电源输入线,连接到12V直流电源上。蓄电池导线(或叫记忆线)必须被连接到持续电压来源上(即使未开启点火开关)。当点火开关在开启的状态下,另一条ACC导线将被接通电源。电源导线除正极外,还有一条是接地线(也称搭铁线)。

(二)信号输出

大多数的CD主机都有两组信号输出的设计,其中一组是低电平信号输出,输出低电平信号,需通过后级功率放大器进行信号放大后才能推动扬声器发声;另外一组是高电平信号输出,输出高电平信号,每声道可推动功率为20W的扬声器单体发声。

(三)前级放大器输出

前级放大器信号输出到功率放大器。前置放大器电平输出没有足够的输出电流来直接推动扬声器,它们通常运用在较高级的影音系统上。主机前置音频信号放大器有一组或多组输出,音频信号输出又分前声场、后声场和超低频音频信号输出。

(四)控制线

在主机上可能有一个或更多的12V直流电源输出,它们通常被称为控制输出,主要功能是控制功率放大器或电动天线。如果主机只有一个控制输出,主机在开启(调频、CD光盘、音带等)状态时,12V电压将会由这条输出导线送出。主机在关闭状态时,没有电压。

(五)OEM主机

如果不想更换原车的OEM主机,这时会需要使用线路输出变换器(LOC高转低)。它将扬声器电平信号转换成一个前置放大器电平信号,大多数高转低被用在连接功率放大器后来推动超低音。如果想要使用多功率放大器推动前声场、后声场和低音扬声器,将会用到2个高转低,它们会被安装在主机的后面。

活动:识别主机尾线,完成主机安装,总结任务。

_____
_____
_____
_____
_____
_____

三、安装功率放大器

功率放大器的电源工作范围在DC 10~16V之间,在接线之前,先用万用表测量供电压,首先测量点火系统处于断开(OFF)时的蓄电池电压,读数应在12~13.8V之间。

当安装功率放大器时,需将搭铁线从蓄电池上拆下来。在拆正极导线时,避免扳手接触到车体,否则会导致功率放大器损伤或发生安全事故。如果不把导线从蓄电池拆开,至少需拆除功率放大器前的导线熔断丝,保证功率放大器没接入电路。

在功率放大器上连接线时,首先连接搭铁线,然后再连接电源线,在连接 RCA 线或扬声器线前,先做首次安全检查,确定功率放大器电源接线无误后,才能连接 RCA 线或扬声器线。如果功率放大器先将 RCA 线连接,在出现问题时可能会因此损害功率放大器、主机或其他输入设备。功率放大器搭铁连接时,选择连接在车辆的底盘上。

(一) 功率放大器的安装要点

1. 电源

功率放大器需要大量的电流,需要有比较适当的连接点。多数方法是将主要的电源线连接到蓄电池的正极上,因为蓄电池能够供应超过 1000A 的瞬时电流,同时,一定要有熔断丝对导线进行保护。

2. 熔断装置

当安装多台功率放大器时,要分别为每台功率放大器配置熔断装置。

3. 搭铁

当多个功率放大器安装位置较靠近时,最好在相同的地方集中搭铁。

(二) 桥接功率放大器

桥接是指用超过一个通道的信号来源驱动扬声器。例如,对于两声道的功率放大器,左边的信号和右边的信号同时驱动扬声器,变成单声道,而且两声道的信号不必是相同的,但每个通道的功率必须是相同的。

(三) 功率放大器架

功率放大器架有不同形状或大小的设计。图 5-27 所示为简易功能的功率放大器架,为使功率放大器能正常散热,功率放大器架的内在尺寸应比功率放大器稍大。这可以使空气沿着功率放大器的边快速通过,达到最佳的冷却效果。

图 5-27 两台功率放大器架

活动:总结功率放大器安装要点,完成功率放大器安装任务。

四、安装扬声器

(一)区分相位

任何扬声器单体都有相位之分,安装扬声器前必须区分扬声器相位。可利用专业相位仪进行扬声器相位检测。

(二)安装要点

安装中低音扬声器的时候,大多选择在原车扬声器位置安装。由于每一种品牌扬声器的特色及特性不同,再加上各种车型的内部环境与空间不同,在选择高音扬声器安装位置时要进行测试,可以在高音发出声音的时候,尝试摆放(左右边必须同样的高度、角度)并在聆听后再得出正确的、效果表现最好的高音位置,并不一定要将所有品牌的高音都安装在A柱或者统一在A柱上倒模。

(三)安装技巧

在安装扬声器的同时,需要更换原车扬声器的线材。施工时,做好扬声器线的正负相位区分,并做好标记,以便后期的检测及维修,保证更加有效地为客户服务,凸显专业性。

活动:完成扬声器安装,并进行任务总结。

任务评价

布线、安装器材任务评价见表5-23。

布线、安装器材任务评价　　　　　　表5-23

能　力	评价内容	分　值	自　评	互　评	教师评
专业、方法能力 (60分)	按照工艺要求完成布线任务	15			
	按照工艺要求完成主机安装任务	15			
	按照工艺要求完成功率放大器安装任务	15			
	按照工艺要求完成扬声器相位区分及安装任务	15			

续上表

能　　力	评　价　内　容	分　　值	自　评	互　评	教　师　评
综合能力 （40分）	具有良好的团队分工及协作表现	10			
	具有良好的表达能力	10			
	积极参与课堂活动	10			
	课堂纪律表现良好	10			
	合计	100			
	总评				
评语	自评： 　　　　　　　　　　　　　　　　　　　签字：				
	互评： 　　　　　　　　　　　　　　　　　　　签字：				
	教师评： 　　　　　　　　　　　　　　　　　　　签字：				

项目六　其他改装项目

工作情景描述

汽车发展到今天，已经从最初的代步工具发展到具有独立的汽车人文文化体系。对于许多渴望完美的购车者来说，新车总有一定的缺憾，所以每个购车者都希望能得到一辆完全量身定制、最能体现自己个性的汽车。但要想从个人意愿出发得到一款最适合自己的汽车，似乎还有些差距，所以达到完美的方法只有改装。汽车行业中，改装车由来已久，最初出现的改装车是为了更好地参加比赛，许多喜欢赛车的人纷纷为自己的座驾改装了悬架、排气管等多项设备，希望能在比赛中达到更高的速度，从而获得好成绩，这种改变原车的方法就是现代改装车的由来。几十年过去了，随着汽车工业的发展以及赛车运动的深入人心，汽车改装也成为汽车文化的重要部分，并渐渐成为一种时尚。现如今，改装车在全球范围内得到了广泛认可，特别是在年轻人中颇有市场。驾驶一辆改装后的汽车显得与众不同，在车流中总是能得到较高的回头率。

任务1　汽车改装相关政策法规

学习目标

1. 能够描述汽车改装类型及主要项目；
2. 能够描述国家对汽车改装的限制；
3. 能够正确解读相关的政策法规，分析汽车改装合法性；
4. 能够正确描述汽车改装变更流程；
5. 通过学习能够讲解汽车改装相关项目，并按政策法规进行合理改装。

建议学时

4 学时。

学习引导

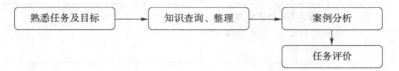

任务实施

我国汽车市场在经过近几年的快速发展后，私人用车保有量已经占到总汽车保有量的主要比例。不少车主开始追求个性化、性能独特的车型，汽车改装也开始在国内市场火爆起来。但是，国家一直有专门针对改装车辆的相关政策，只有符合国家政策的改装车辆，才能通过年检和正常交通检测。

一、改装车类型

目前我国改装车主要分为两种类型。

第一类是指专门生产改装汽车的厂家，用国家鉴定合格的发动机、底盘或总成，重新设计、改装与原车型不同的汽车，例如一些特种车辆，常见的有冷藏厢式车（图6-1）、搅拌车（图6-2）、轿运半挂车（图6-3）、房车（图6-4）等。

图6-1　冷藏厢式车

图6-2　搅拌车

图6-3　轿运半挂车

图6-4　房车

第二类是已领有牌照的汽车,为了达到某种使用目的,在原车总成的基础上,做一些技术改造。改装出来的汽车,统称为改装车,涉及的改装项目主要有内饰改装、发动机改装、底盘改装及车身改装等。

活动:查阅资料,认识汽车改装项目,填写表6-1。

汽车改装项目　　　　　　　　　　　表6-1

改装类别	改装目的	涉及的系统	具体项目
动力性能改装	提示汽车整体动力性,提升最高车速、加速性能、爬坡能力等		
操控性能改装	提示汽车操控性能,提升过弯能力、汽车通过性等		
安全性改装	提高汽车的主动安全性及被动安全性		
舒适性改装	提升汽车的驾乘舒适性		
内饰改装	个性化改装,改变驾乘环境		
外观改装	追求时尚,提高整车美感		

二、改装限制

《中华人民共和国道路交通安全法》第十六条明确规定,任何单位或者个人不得拼装机动车或者擅自改变机动车已登记的结构、构造或者特征。某些商用改装车在改装后,会造成与车辆出厂技术参数不符的情况,可能无法通过年检和日常交通检测。

(一)禁止改装项目

法律法规对改装汽车进行了限制:汽车型号、发动机型号、车架号不能改,不能破坏车身结构。

(二)动力禁止随便改装

交管部门对汽车改装的限制要求比较严格,汽车排量等涉及汽车技术参数部分绝对不能私自改装。

(三)车身颜色的规定

有三种颜色属于特种车专用颜色,不能使用:红色为消防专用,黄色为工程抢险专用,上白下蓝为国家行政执法专用。

(四)不允许加宽轮胎、进气系统、排气系统等改装

根据《中华人民共和国机动车登记办法》有关规定,在用汽车轮胎规格、改装进气系统、排气系统都不是国家允许的变更项目。如在用汽车进行上述改装,可能会改变发动机功率,影响行车安全,对进行非法改装的机动车所有人,将依法处以500~1000元的罚款,并责令其恢复原状。

三、改装政策规定

已领牌照的汽车进行改装时,应向车辆管理所登记申报,其改装技术报告经车辆管理所审查同意后,方可进行改装。改装完毕,还要到车辆管理所办理改装变更手续。改变车辆的外观要去车辆管理所申请,及时变更行驶证。这样,改装车才能合法行驶。

(一)外观改装

汽车外观改装需符合相关法规,汽车改装是有一定限制的,随意改装很可能无法通过年检,所以改装汽车一定要在符合相关法规的前提下进行。例如,更换前保险杠属于改变汽车外形,经过审批后是可行的,但对升高底盘等提升汽车越野性能的改装是不允许的。车辆年审中一旦发现违规改装,必须恢复原状。

(二)改装车身颜色

汽车改变颜色,必须交验汽车,车贴面积不能超过车身总面积的30%,超过了就必须去相关部门报批;车的外观不能大幅改动,要求与行驶证上的照片基本保持一致。

(三)车身、车架、发动机的改装

对车身、车架、发动机的变更,要在已经损坏无法修复或者存在质量问题的前提下才能够进行。更换发动机、车身或者车架的还要提交机动车安全技术检验合格证明。申请变更时,须同时出具修理厂的证明及更换发动机、车身或者车架的来历凭证。

活动1:李先生新买了一辆大众尚酷轿车,为追求时尚,在车身上粘贴了漂亮的贴图,如图6-5所示,但是在城市道路行驶过程中被交警拦下。试分析李先生的爱车是否符合改装规定?要如何处理?

图6-5 大众尚酷轿车

_____
_____
_____
_____
_____
_____

汽车改装

活动2：张先生新购买了一辆丰田森雅轿车，并加装了大包围，如图6-6所示，可在之后半年多时间里不时被交警拦下询问。试分析张先生的爱车改装是否合法？

图6-6　丰田森雅轿车

四、汽车改装变更规定

（一）相关法律法规解读

《机动车登记规定》中关于汽车外观等变更的有关规定如下：

第十条　已注册登记的机动车有下列情形之一的，机动车所有人应当向登记地车辆管理所申请变更登记：改变车身颜色的；更换发动机的；更换车身或者车架的。

第十五条　有下列情形之一的，不予办理变更登记：改变机动车的品牌、型号和发动机型号的,但经国务院机动车产品主管部门许可选装的发动机除外;改变已登记的机动车外形和有关技术数据的,但法律、法规和国家强制性标准另有规定的除外。

第十六条 有下列情形之一,在不影响安全和识别号牌的情况下,机动车所有人不需要办理变更登记:小型、微型载客汽车加装前后防撞装置;货运机动车加装防风罩、水箱、工具箱、备胎架等;增加机动车车内装饰。

第四十七条 有下列情形之一的,由公安机关交通管理部门处警告或者二百元以下罚款:重型、中型载货汽车及其挂车的车身或者车厢后部未按照规定喷涂放大的牌号或者放大的牌号不清晰的;机动车喷涂、粘贴标识或者车身广告,影响安全驾驶的;载货汽车、挂车未按照规定安装侧面及后下部防护装置、粘贴车身反光标识的;机动车未按照规定期限进行安全技术检验的;改变车身颜色、更换发动机、车身或者车架,未按照规定时限办理变更登记的。

(二)汽车改装申请变更流程

汽车改装申请变更所需要提交的材料及手续:填写《机动车变更登记申请表》,然后提交机动车所有人及驾驶人身份证明和《机动车登记证书》、《机动车行驶证》、申请办理变更登记机动车的标准照片。申请流程如图 6-7 所示。

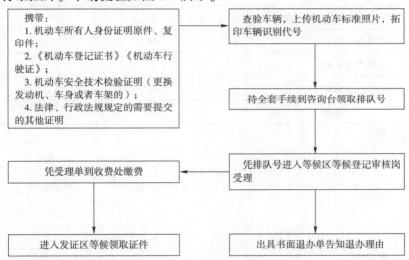

图 6-7 汽车变更车身颜色、发动机、车身、车架申请流程

活动:去年 9 月,王小姐购买了一辆起亚 K3 轿车,开了一段时间后,想更换车身颜色并加装大包围,分析需要的程序。

任务评价

汽车改装相关政策法规任务评价见表6-2。

汽车改装相关政策法规任务评价　　　　表6-2

能　力	评价内容	分　值	自　评	互　评	教师评
专业、方法能力 （60分）	描述汽车改装类型，调研汽车改装项目	15			
	描述汽车改装限制项目	15			
	解读汽车改装相关政策，分析汽车改装的合法性	15			
	解读法律规定，描述汽车改装变更流程	15			
综合能力 （40分）	具有良好的团队分工及协作表现	10			
	具有良好的表达沟通能力	10			
	积极参与课堂活动	10			
	纪律表现良好	10			
	合计	100			
	总评				
评语	自评： 　　　　　　　　　　　　　　　　　签字：				
	互评： 　　　　　　　　　　　　　　　　　签字：				
	教师评： 　　　　　　　　　　　　　　　　　签字：				

任务2　发动机改装

学习目标

1. 能够描述更换火花塞给客户带来的效果，了解火花塞各品牌信息及市场报价；
2. 能够描述更换高压点火线的功效，了解高压点火线各品牌信息及市场报价；
3. 能够描述更换高效空气过滤器的功效，了解高效空气过滤器各品牌信息及市场报价；

4. 能够描述涡轮增压系统的工作原理；
5. 通过学习能够一定程度上熟悉市场信息，同时进行改装知识讲解。

建议学时

10 学时。

学习引导

任务实施

发动机是汽车的动力来源，发动机改装可增加汽车动力性能，提升车辆的加速性能、爬坡性能等。发动机改装涉及的项目主要有改装火花塞、改装高压点火线及点火线圈、改装高效空气过滤器，加装涡轮增压系统等。

一、发动机改装项目

(一) 加大节气门

显著提高进气流量，但不加节制会使发动机因油气混合比过低而爆震。

(二) 高压缩比的轻活塞

降低发动机曲轴、连杆负荷，发动机反应迅捷，爆发力更强。

(三) 高角度凸轮轴

气门升程和开启角度更大，保证更多可燃混合气进入汽缸且排气更加顺畅。

(四) 主减速比和各挡齿轮

主减速比加大，1~4 挡齿轮齿比加密，可以提升整车的加速性，但以降低极速为代价。故可采用加大尾牙，2~4 挡齿比加密，5 挡变疏来弥补丢失的极速。

(五) 高压线

将原车 5kΩ 左右的高阻值点火线更换为低阻值点火线，使点火线圈所释放的能量最大限度地传到火花塞上，但须防跳火、防干扰。

(六) 火花塞

将成本低、寿命短至 2 万 km、耐高温性差、点火能量小的普通镍铜火花塞更改为寿命长至 10 万 km、耐 2000℃ 以上高温、点火能力极强、但造价较高的铱金火花塞。需注意耐热值的选择，过低则发动机加速无力，过高又会产生积碳。

(七)燃油调节阀

原厂回油阀一般为 2.5~4kPa,车型不同压力值也不同,且不可调节。加装燃油调节阀可以使回油压力变大、泄油变慢、喷油压力提升,在喷油量加大的同时使喷油雾化更趋完美。

(八)空力套件

空力套件即空气动力套件,通常由前进气坝、双前翼板、侧裙、尾边、尾翼组成,在使车身视觉感变得强烈的同时依需求调整划过车身的空气走向以辅助动力。有较重的铝合金、较轻但较脆的冷碳纤和轻且坚韧的热碳纤三种材质可选,但热碳纤因极昂贵故多见于赛车。

(九)计算机调校

修改 ECU 程序以加大供油量、延后断油时间,调整马力输出线性,或者加装外部可调试计算机。

(十)改装涡轮增压

通过对自然吸气车辆加装涡轮增压装置或为涡轮增压车更换中冷和更大尺码的涡轮以获得大幅马力提升。

(十一)发动机改装

提升汽车动力性能最有效的方式就是发动机系统的改装。由于现代汽车因其愈来愈精密,因此诸如时速限制、转速限制、点火正时、空燃比调整等都交由行车计算机控制,通常所说的改装计算机只是将控制晶片加以更换,借由不同的设定使车辆的性能有所提升。改装计算机可将原厂所限定的转速与时速加以解除,但使用时要多加注意。

二、改装火花塞

汽缸里面混合气的燃烧效率一定程度上取决于火花塞性能,高性能的火花塞可以提高点火能量,使燃烧充分。将车上原有的火花塞换成高性能的火花塞,可以提高燃油的燃烧效率与爆发力,使燃油充分燃烧,从而提高动力,而且还会减少积碳的产生,延长发动机的寿命。因为火花塞中心电极越小,电极尖端的电压就越集中,当电量集中于一点时,即便在相对较低的电压下也会发生点火现象。所以,中心电极越细,所产生的火花越强。另外,电极还具有冷却功能。较粗的电极冷却效果很好,但打火效果有时欠佳。为提高打火性能,电极与火焰核心的接触区域应尽可能小。中心电极越细,与火焰接触区域越小,避免了火花热量的损失,因此,点火性能得到极大提高。

目前市场上的火花塞因电极材料的不同分为普通火花塞(图 6-8)、白金火花塞(图 6-9)和铱金火花塞(图 6-10)三种。更换高性能火花塞,通常是指更换为白金火花塞、铱金火花塞,这两种火花塞的电极很细,在极高转速的高温、高压下,能提供准时、强劲的电火花。但需要注意的是,首先,规格要一致,要选用和原装规格相一致的火花塞。其次,热值适当。火花塞用所承受的热负荷散失程度或能力来表示其承受热负荷的特性,称为热值。

图 6-8 普通火花塞

项目六　其他改装项目

图6-9　白金火花塞

图6-10　四极铱金火花塞

活动1：查阅资料，归纳不同类型火花塞的特点，填写表6-3。

三种不同类型火花塞特点　　　　　　　　　　　　　　　　　　　表6-3

类　型	优　点	缺　点	常见品牌	价　位
普通火花塞				
白金火花塞				
铱金火花塞				

活动2：结合火花塞改装流程，完成火花塞改装任务，填写表6-4。

火花塞改装流程　　　　　　　　　　　　　　　　　　　　　　　表6-4

流程	任务内容	图　例	任务记录	总结评价
工具准备	准备火花塞拆装工具，火花塞常用的拆装工具主要有快扳和套筒			
改装准备	把车辆移至操作工位，使发动机充分冷却，打开发动机舱盖并做好支撑，做好翼子板、汽车前保险杆、座椅、转向盘等部位的防护			

115

续上表

流程	任务内容	图 例	任务记录	总结评价
找到高压线	如果有发动机罩的车型，需要先用螺丝刀把发动机罩取下，找到高压点火线			
拔出高压线	清洗高压线桩头附近的灰尘和油污，用套筒拧下高压线桩头的固定螺钉，拉出高压线			
拧松火花塞	取下高压线桩头以后，用套筒把火花塞拧松，注意不要让灰尘进入燃烧室，保持清洁、干燥无油污，否则会引发漏电、火花减弱等故障			
更换火花塞	把高压线桩头上的软管插入燃烧室内，将火花塞拔出，将新火花塞装上，逐个更换			
紧固	在安装时，先用套筒将火花塞对准螺孔，用手轻轻拧入，拧到约螺纹全长的二分之一后，再用套筒紧固。拧紧火花塞时，注意扳手尽量反正放直，避免扳手胶圈以外的部分碰触火花塞的尾部，导致绝缘瓷碎裂			

续上表

流程	任务内容	图 例	任务记录	总结评价
安装高压线	安装高压线，注意不要把顺序弄错，按每个缸对应安装，每个点火线圈的高压线长度都是不一样的			
检查整理	恢复车辆，检查车辆状况，按7S管理要求整理现场			

三、改装高压点火线

汽车高压点火线是把高压线圈产生的高电压传导到火花塞的导线，也叫分缸线或分火线。原车配备的普通高压点火线通常都是单芯的，而且在制造时会人为地将线的电阻提高，以便使车载音响和车载计算机等不受到电磁干扰，但是这个设计也消耗掉了部分高压点火能量，导致原车配备的普通高压点火线因耗电量大、点火能力比较差，使车辆的动力性下降。所以，为了改善高压点火线的点火能力，提高车辆的动力，可对原车点火线进行改装，换用高能量高压点火线，改善原来发动机的点火能量。

从内部结构来说，高压点火线有单芯、三芯、四芯、五芯之分。原则上是芯体越多，电阻越小，点火强度越高，价格也越贵。但芯体太多，电流过强，如果不采用特殊的包装和屏蔽材料，则会产生电磁干扰，使车载音响和车载计算机受到电磁的干扰而无法正常工作，并且火力过强容易引起汽车发动机的不适应，从而导致汽车发抖、降低点火线圈和火花塞寿命、车载音响和车载计算机受到电磁的干扰而无法正常工作等状况出现，图6-11所示为不同芯体的高压点火线。

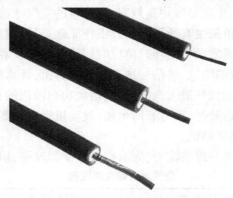

图6-11 高压点火线

需要注意的是，汽车改装是一个整体协调配合的问题，单独追求某一方面，都是不对的。更换高压点火线必须更换相匹配的火花塞，因为使用改装高压点火线后使得火花塞发出的电火花更强，火花塞的温度比未改装前大大提高，如果还使用普通合金的原配火花塞，会缩短火花塞的寿命，所以建议同时换装双白金或铱金等贵金属材料火花塞，这些火花塞能够承受2000℃以上的高温，所采用的激光焊接技术也使火花塞的放电点更加精确。

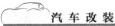

活动:根据高压点火线改装流程,完成高压点火线改装任务,填写表 6-5。

高压点火线改装流程   表 6-5

流　程	任务内容	任务记录	总结评价
改装前准备	工具准备:准备高压点火线改装所需工具		
	车辆准备:车辆入位,检查车辆,完成车辆检查记录表,完成翼子板、前保险杠、驾驶舱等部位的防护		
改装高压点火线	找到原车点火线,拆除并更换新的高压点火线,注意各组线的安装顺序,按长短一一对应		
改装检查	对每根高压点火线进行固定,避免相互摩擦、碰触,减少相互干扰。安装好后,发动车辆,怠速运行 30s 以上,检查有无异常		
整理	恢复车辆,按照 7S 管理要求进行现场整理		

四、改装高效空气滤清器

发动机上的空气滤清器是为了过滤发动机运转所需要的空气。原车所安装的空气滤清器进气量受限制。而安装大流量的空气滤清器,可以降低进气阻碍,增加进气量,通俗来说,就是增强发动机的"肺活量"。

进气系统改装的入门工作就是换用高效率、高流量的空气滤清器滤芯,市场上常见的空气滤清器滤芯品牌有很多,价位也有所不同。其工作原理是,换装高流量的空气滤芯可降低发动机进气的阻力,同时提高发动机运转时单位时间的进气量及容积效率,而由供油系统中的空气流量计量测出进气量的增加,将信号送至供油计算机,计算机便会控制喷油嘴喷出较多的汽油与之配合,使较多的油气进入汽缸,达到增大功率输出的目的。在实际改装的测试中,改装后的发动机在高速运转时,动力有所增加,发动机运转顺畅,提速感觉好。但安装大流量空气滤清器要尽量远离发动机。

活动:根据高效空气过滤器改装流程,完成空气过滤器改装,填写表 6-6。

空气滤清器改装流程   表 6-6

流　程	任务内容	任务记录	总结评价
改装前准备	工具准备:准备高效空气滤清器改装所需工具		
	车辆准备:车辆入位,检查车辆,完成车辆检查记录表,完成翼子板、前保险杠、驾驶舱等部位的防护		

续上表

流　程	任务内容	任务记录	总结评价
拆卸原车空气滤芯	取下发动机罩,断开空气流量计线束连接		
	拆卸空气滤清器盖固定卡扣,拧松节门与进气管连接卡箍带,紧固螺栓		
	取下通风软管及空气滤清器盖总成,取出空气滤清器滤芯		
安装高效空气滤芯	使用干净纱布擦拭空气滤清器盖及下壳体内壁		
	安装高效空气滤芯		
	安装通风软管及进气软管		
	安装高效空气滤芯		
	卡紧空气滤清器盖上的卡扣		
	检查进气软管两端接口处是否连接可靠		
	连接空气流量计线束连接器		
	安装发动机罩		
检查整理	发动车辆,怠速运行30s以上检查车辆状况		
	恢复车辆,按照7S管理要求进行现场及车辆整理		

五、加装涡轮增压系统

涡轮增压(Turbo Boost),是一种利用内燃机运作转产生的废气驱动空气压缩机的技术。涡轮增压的主要作用是提高发动机进气量,从而提高发动机的功率和转矩,让汽车动力更强。一台发动机装上涡轮增压器后,其最大功率与未装增压器的时候相比可以增加40%甚至更高。也就意味着同样一台发动机在经过增压之后能够输出更大的功率。就最常见的1.8T涡轮增压发动机来说,经过增压之后,动力可以达到2.4L发动机的水平,但是耗油量却并不比1.8L发动机高多少,从另一个层面上来说,即提高燃油经济性和降低尾气排放。

目前国内改装涡轮增压的案例较少,原因是改装涡轮增压要同时对发动机的外围配件,如供油系统、ECU和排气歧管等进行更改或更换才能配合加装的涡轮增压系统。但涡轮增压系统的改装潜力很大,在国外的改装市场中,有案例显示把大众1.8T发动机的功率提升超过1倍。相信随着技术的发展,越来越多的客户会选择这个改装项目。

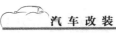

活动1：查阅资料，了解涡轮增压的工作原理。

_____
_____
_____
_____
_____
_____

活动2：查阅资料，了解涡轮增压改装的流程及注意事项。

_____
_____
_____
_____
_____
_____

任务评价

发动机改装任务评价见表6-7。

发动机改装任务评价　　　　　　　　　　表6-7

能力	评价内容	分值	自评	互评	教师评
专业、方法能力 （60分）	描述更换火花塞的功效，了解火花塞市场信息	15			
	描述更换高压点火线的功效，了解高压点火线市场信息	15			
	描述更换高效空气滤清器的功效，了解高效空气过滤器市场信息	15			
	描述涡轮增压系统的工作原理	15			
综合能力 （40分）	具有良好的团队分工及协作表现	10			
	具有良好的表达沟通能力	10			
	积极参与课堂活动	10			
	纪律表现良好	10			
合计		100			
总评					

续上表

能　力	评价内容	分　值	自　评	互　评	教师评
评语	自评： 签字：				
	互评： 签字：				
	教师评： 签字：				

任务3　底盘改装

学习目标

1. 能够描述轮胎改装的主要内容，正确识读轮胎信息；
2. 能够描述轮毂改装的市场主流，正确识读轮毂的主要参数；
3. 能够描述减振器改装的类型，了解减振器品牌及市场报价；
4. 能够描述防倾装置改装的必要性及改装流程注意事项；
5. 能够描述底盘设定的重要性，分享经典改装案例。

建议学时

10学时。

学习引导

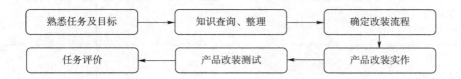

任务实施

汽车底盘是整个车辆的核心部分，一直为广大的改装爱好者所关注。底盘改装可以增加汽车的操控性、舒适性、安全性等，使车辆在高速行驶时更加稳定。底盘改装的常见项目

汽车改装

有轮胎、轮圈、避振器等。

一、改装轮胎

一辆行驶性能出色的汽车,除了拥有强劲的动力系统,还需要其他系统与之平衡配合,改装更是如此。

改装轮胎时通常会在尺寸上进行升级,选用更宽的轮胎与更低的扁平比来配合大轮圈。加大轮胎的接地面积可以提高轮胎与地面的附着力,使制动、弯道性能得到提高。而低扁平比的轮胎可以减少因轮胎变形对操控性产生的影响,使操控反应更加直接、灵敏。

但一味地加大轮胎尺寸不仅无法得到理想的效果,过宽的轮胎还会增大与地面的接触面积,提升油耗,或影响到悬架系统的正常运作,造成安全隐患。改装轮胎要适度,提高轮胎的抓地性能不光需要在尺寸上进行升级,轮胎的橡胶配方与花纹设计同样是影响抓地性能的关键因素。

另外,如果车辆的动力系统没有经过大幅度改装,使用抓地性能过强的轮胎,反而会影响车辆的加速性能、弯道灵活性等。首先轮胎的直径要尽可能地与原厂尺寸相同,最大差距不能超过3%。对于动力与悬架系统未经大幅度改装的车而言,通常3cm的宽度增加已属上限,而考虑到日常路况的复杂多样性,扁平比不应低于35,否则很有可能会损伤轮圈、悬架系统甚至增加爆胎的风险。

活动:查阅资料,了解主流轮胎品牌的市场信息,填写表6-8。

轮胎品牌的市场信息　　　　　　　　　表6-8

品　牌	特　点	适用车型	价位信息
米其林 (MICHELIN)			
普利司通 (BRIDGESTONE)			
固特异 (Goodyear)			
马牌 (CONTINENTAL)			
倍耐力 (PIRELLI)			
邓禄普 (DUNLOP)			
横滨 (YOKOHAMA)			
韩泰 (HANKOOK)			

续上表

品　牌	特　　点	适用车型	价位信息
库珀 （COOPER）			
锦湖 （KUMHO）			

改装轮胎注意事项如下：

（1）目的明确。

应明确轮胎升级的目的，需要通过升级轮胎达到提高轮胎品质，还是提高外观的时尚性，是选择轮胎升级方式的决定因素。

（2）车辆用途。

要考虑车辆的主要用途，也就是轮胎的用途，如果用车频率很高，那么轮胎的耐磨性可能是最应该考虑的问题。运动型宽胎有很好的地面附着力，但磨损也很快，同时为了追求速度，胎面花纹也会尽量减少，因此轮胎在湿地上的表现不会很理想。如果车辆经常在多雨潮湿的地区使用，那么一套以湿地附着力见长的湿地轮胎应该是不错的选择。

（3）均衡性。

胎面宽度大的轮胎固然能够提高车辆的行驶稳定性，但并不是轮胎越宽就越好。宽胎与地面之间的摩擦力更大，随之而来的是油耗上升的问题，而且在胎面变宽之后，转向时沉重感会增加。轮胎的高宽比降低以后，轮胎的胎侧就会变薄，舒适性会有一定的损失，而且这样的轮胎制造难度大，售价也会增加。因此，适当的轮胎升级应该是在各项性能都得到提升的同时，将轮胎升级带来的一些负面作用降到最低。

（4）遵守法规。

严格遵守当地交通条例，轮胎的速度和负载指数必须达标，不会影响车辆年检通过、车辆保修等。

活动：王先生是汽车改装爱好者，喜欢长途旅行，现拥有一辆2015款1.4T明锐，想对原车轮胎进行改装。根据轮胎改装原则为王先生选一款合适的轮胎，填写表6-9。

轮胎选用　　　　　　　　　　　　　　　　　　　　　　表6-9

原车轮胎	品牌：		型号：
改装轮胎	品牌：		型号：
	选用原因：		

二、改装轮毂

与制动系统、安全带、车窗玻璃、轮胎一样，汽车的轮毂同样也是一个与行车安全息息相关的重要零部件。轮毂改装是为了达到美观、散热及轻量化的目。轮毂与轮胎作为汽车的重要组成部分，日渐成为车迷们改装汽车的焦点。

轮毂的改装属于较显眼的改装,从视觉感官就可以直接判断出一辆车是否改装过轮毂。因此很多人误以为轮毂的升级仅是为了美观,夺人眼球。其实除了美观的因素,轮毂的改装也可以达到改善散热及轻量化的目的。图 6-12 所示为目前市场主流的铝合金轻量化轮毂。

图 6-12　铝合金轮毂

一套轮毂对驾驶安全是有影响的,这是轮毂改装中需要注意的。在涉及如何甄别轮毂的品质前,先了解一下轮毂的各项参数。图 6-13 所示为轮毂的结构及主要参数。

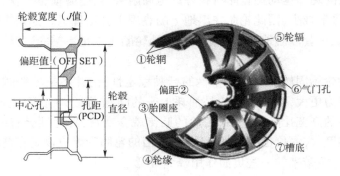

图 6-13　轮毂结构及参数

活动 1:查阅资料,结合图 6-13,认知轮毂的主要参数。

中心孔径(CB):_____

_____

孔距(PCD):_____

_____

偏距(OFF SET/ET):_____

_____

轮毂宽度(J 值):_____

_____

活动 2:李先生是汽车改装爱好者,拥有一辆 2013 款 1.4T 速腾,主要用于日常通勤,想对原车轮毂进行改装。为李先生挑选一款合适的轮毂,填写表 6-10。

轮 毂 选 用　　　　　　　　　　　　　　表 6-10

原车轮毂	品牌：	轮毂直径：		中心孔径(CB)：
		孔距(PCD)：		偏距值：
		轮毂宽度(J值)：		
改装轮毂	品牌：	轮毂直径：		中心孔径(CB)：
		孔距(PCD)：		偏距值：
		轮毂宽度(J值)：		
	选用原因：			

三、改装减振器

减振器由两个部分组成的，分别为螺旋弹簧和减振器，如图 6-14 所示。螺旋弹簧的作用主要是用来支撑车身重量和消除路面不平带来的振动。减振器的主要作用是利用其自身的阻尼来抑制弹簧吸振后的反弹，进一步吸收来自地面的冲击力。汽车改装常用的减振器有三种，分别是液压减振器、绞牙减振器及空气减振器。

图 6-14　减振器结构

(一) 液压减振器

汽车悬架系统中广泛采用液力减振器。其原理是，当车架与车桥做往复相对运动而活塞在减振器的缸筒内往复移动时，减振器壳体内的油液便反复地从内腔通过一些窄小的孔隙流入另一内腔。此时，液体与内壁的摩擦及液体分子的内摩擦便形成对振动的阻尼力。

(二) 绞牙减振器

这种减振器源自赛车技术，指有可调(弹簧)高度设计的减振器。顾名思义，可调高度式减振器的最大好处是可以很方便地独立调整车身四角的离地间隙。当车辆静止时，车身4个角的离地距离对该位置上车轮的负重有很大的影响，增加车身左后角的离地间隙，便增加左后轮及其对角线车轮(即右前轮)的负重，同时另外对角上的两只车轮(左前及右后轮)的负重会减少。如果减少离地间隙，则效果相反。如图 6-15 所示。

图 6-15　绞牙减振器

（三）空气减振器

空气减振器主要包括内部装有压缩空气的空气弹簧和阻尼可变的减振器两部分。与传统钢制汽车减振系统相比较，空气减振具有很多优势，最重要的一点是弹簧的弹性系数也就是弹簧的软硬能根据需要自动调节。例如，高速行驶时悬架可以变硬，以提高车身稳定性；长时间低速行驶时，控制单元会认为正在经过颠簸路面，以悬架变软来提高减振舒适性。图 6-16 所示为空气减振器。

图 6-16　空气减振器

活动：查阅资料，了解减振器的改装流程及改装要求。

_____
_____
_____
_____
_____
_____
_____
_____

四、改装防倾装置

防倾杆又叫横向稳定杆，是汽车悬架中的一种辅助弹性元件。它的作用是防止车身在转弯时发生过大的横向侧倾，并改善平顺性。

目前大部分汽车上都安装了防倾杆。防倾杆结构很简单，是一条 U 形金属连杆，可以把两侧悬架链接起来，如图 6-17 所示。其作用是当车辆转弯时，弯道内侧悬架被拉伸，内侧被压缩，防倾杆此时起到一个抗扭作用以减少拉伸与压缩幅度，从而控制车辆的侧倾幅度。

防倾杆的直径与长度决定了它的抗侧倾性能。改装时，需要注意防倾杆的设定不光影响车辆的侧倾幅度，不同设定的防倾杆对车辆的转向特性也有着十分大的影响。防倾杆越强，转弯时压在外侧车轮的负荷越大，相当于加强了负荷转移的速率，此轴上的外侧车辆可能是第一个达到极限的车轮，一旦超出轮胎的抓地极限，便会导致转向不足或转向过度（前轮转向不足,后轮转向过度)。大部分原厂车型的防倾杆设定都偏向转向不足,因为这种特性对驾驶技术的要求相对更低,符合人们遇到危险后减速的本能。

  防倾杆的结构虽然简单,但要想达到理想的效果,却需要考虑到更为复杂的问题。以我国最为常见的 FF 车型(前置前驱)为例,对于操控性能来说,这种设计的车型已属最差,发动机、变速器、传动系统与车手重量全部集中在车头,严重的不协调,此时增强后轴防倾杆的强度,便可有效改善 FF 车型弯中转向不足的特性,使转向特性更为灵敏。图 6-18 所示为改装后的防倾杆。

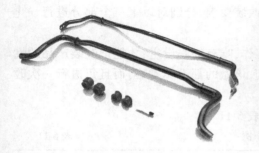
图 6-17　汽车防倾杆

图 6-18　改装后的防倾杆

活动:查阅资料,了解汽车防倾装置的改装流程。

_____
_____
_____
_____
_____
_____
_____
_____
_____
_____
_____

五、改装悬架

  悬架系统是车辆行驶特性的核心。它的主要作用是支撑车身,并缓冲行驶中的振动。悬架系统有很多种不同的形式,各种形式所带来的驾驶感觉也是不同的。

  汽车悬架的基本形式,可以分为两大类:一类是使用一根轮轴连接左右轮的同轴非独立悬架,另一类是左右轮结构各自分开的独立悬架。按照结构分,汽车悬架可以分为麦弗逊式、全拖曳臂式、半拖曳臂式、双 A 臂式、多连杆式等多种形式。现在我国的车型中,以麦弗逊式、拖曳臂式和多连杆式最为常见。

汽车悬架包括弹性元件、减振器和传力装置三部分,分别起缓冲、减振和受力传递的作用。

在轿车上,弹性元件多指螺旋弹簧,它只承受垂直荷载,缓和及抑制不平路面对车体的冲击,具有占用空间小、质量小、无须润滑的优点,但由于本身没有摩擦而无法起到减振作用。减振器又指液力减振器,其功能是加速减弱车身的振动,它也是悬架系统中最精密和复杂的机械件。传力装置则是指车架的上下摆臂等叉形钢架、转向节等元件,用来传递纵向力、侧向力及力矩,并保证车轮相对于车架有确定的运动规律。

对汽车的悬架系统进行改装,就要按照不同的改装要求,分别对以上三个部分进行强化和改装。

同时,汽车底盘改装的重点在于设定、调校的工作,唯有细心设定,才能把改装产品的性能充分发挥出来,从胎压、定位角度到车身配重平衡,该做的都不能省略,而且每进行一次改装都必须重新进行设定。

活动:查阅资料,学习底盘经典改装案例,填写表6-11。

经典改装案例　　　　　　　　　　　表6-11

改装车型:		改装内容:	
项目	改装描述	选用产品	价位
整车性能:			

任务评价

汽车底盘改装任务评价见表6-12。

汽车底盘改装任务评价 表6-12

能力	评价内容	分值	自评	互评	教师评
专业、方法能力（60分）	能够描述主流轮胎品牌的市场信息	10			
	能够描述轮毂的主要参数及含义	10			
	能够描述减振器的组成及类型，了解减振器的市场信息	15			
	能够描述施工防倾装置的改装流程	15			
	学习分享底盘改装经典案例	10			
综合能力（40分）	具有良好的团队分工及协作表现	10			
	具有良好的表达沟通能力	10			
	积极参与课堂活动	10			
	纪律表现良好	10			
	合计	100			
	总评				
评语	自评： 签字：				
	互评： 签字：				
	教师评： 签字：				

任务4　房车改装

学习目标

1. 能够描述房车的含义，以及什么是房车改装；
2. 能够描述房车的分类；
3. 能够描述房车改装的合法性，以及在一定的条件下如何规避法规风险，讲解相关法律法规；
4. 通过学习能够讲解身边哪些车辆是最适合房车改装的车型。

汽车改装

建议学时

10 学时。

学习引导

任务实施

随着国民生活水平的不断提升,人们健身休闲的消费需求持续高涨,房车自驾游比例逐渐攀升,房车自驾运动营地也迎来快速发展。截至 2016 年底,全国房车自驾车营地数量已经超过 500 个。围绕房车自驾运动营地的健身休闲活动日趋火爆,全国房车自驾运动营地的产业覆盖面、社会参与度、市场认可度均实现了大幅提升。

当前,我国全面进入健身休闲新时代,伴随着供给侧结构性改革的不断推进,"健康中国"和全民健身国家战略逐步实施,我国房车自驾运动消费需求将日益增长,呈现多层次、多元化、个性化的发展趋势,房车改装的经济社会发展条件日趋成熟,国家政策推动、市场资本热捧和消费需求旺盛三大要素齐力并进,房车改装必将迎来新的战略发展机遇。

一、房车的概念

房车是指具有座椅、桌子、水具、炊事设施和储藏设施的一种专用汽车,根据其功能不同有旅居车、休闲车、露营车、商用车和化妆车等,统称为房车,是集房、车的功能于一体的产物。

改装房车时一般有两种情况:一种是专门生产房车的改装厂家用国家鉴定合格的发动机、底盘或总成,重新设计、改装与原车型不同的车,并享有旅居车公告;另一种是已有牌照的车,即为了某种使用目的,在原车总成的基础上进行改装的房车,一般这种改装房车是没有旅居公告,不能上路的。

二、房车的分类

房车大体可分为自行式与拖挂式两大类,自行式房车又可分为自行式 A 型、B 型、C 型,拖挂式房车又可分为拖挂式 A 型、B 型、C 型、D 型、移动别墅型等。

(一) 自行式房车

1. 自行式 A 型

自行式 A 型房车是房车家族中具有自身驱动能力的庞然大物,这类房车是所有房车种类中最豪华、舒适的。A 型房车车长 7~15m,价格在 100 万元左右,外表看起来很像一辆大型的公共汽车。这种房车可使全家人在旅行时随时享受车内豪华实用的设施带来的方便,看电视、吃点心、唱卡拉OK、玩电子游戏、做饭或者睡觉,车上的供水系统可让人们无忧无虑地使用浴室和卫生间。

2. 自行式B型

自行式B型房车外表更像是轻型货车,它是具有自身驱动能力的小巧房车。B型房车车长4~6m,价格在50万元左右,多由轻型货车改装而成,有做饭、睡觉和卫浴设备。它还可以作为拖车使用,如果车内没有卫生间和洗浴设施的话,可以拖挂另外一辆拖挂式房车。

3. 自行式C型

自行式C型房车是舒适豪华的自行式A型房车与小巧灵活的自行式B型房车的完美结合,不张扬的外表下具备所有日常生活、休闲娱乐所需设施。C型房车车长5~9m,价格在40万元左右,只要轻按按钮,车体部分便会向外扩出1m左右的距离,可提供一个宽大的客厅、用餐、睡觉、厨房区域。

(二)拖挂式房车

1. 拖挂式A型

拖挂式A型房车外形大都规则、对称,多为长方体或近似长方体,也有泪滴状或椭圆状的设计。车内设有起居室、厨房、卧室、洗浴室等区域。拖挂式A型房车长5~10m,可设8个左右的床位,售价为20万元左右。车上的睡眠、淋浴、烹饪、用餐设备舒适齐全,而且没有驾驶舱空间。这种房车有多种设计理念,目前大多数拖挂式房车都有空间扩展设计,车体两侧会向外扩出来加大用餐、睡觉、厨房区域。

2. 拖挂式B型

拖挂式B型房车中通常都装有一侧扩展装置,只要轻按按钮,拓展厢体可向外滑动多达1m的距离以加大用餐、休息以及烹饪等的活动空间。B型房车车长6~13m,参考价格为30万元左右。这种拖挂式房车的独特错层设计可以在轻型货车车厢上方的空间装配宽大的主卧室,因此车内其他地方可提供更多的家庭活动空间,这类车的许多型号在车后方装有全景观景窗。

3. 拖挂式C型

拖挂式C型房车的特点是重量轻、牵引方便、型号众多。C型房车属能带自有动力的房车,车长3~6m,价格在8万元左右,价格低廉。

4. 拖挂式D型

拖挂式D型房车车长3.5~6.5m,价格在20万元左右(不包括轻型货车),可设4个床位。此型房车具有紧凑的造型,可分离的特性,可便利地在营地和家之间来往,对那些已经拥有轻型货车的车主来说是一个简单经济的选择。

5. 移动别墅A型

移动别墅A型房车车长6~11m,价格在40万元左右。移动别墅A型房车适合长时间度假旅行的爱好者使用。移动别墅A型房车需要用特殊或重型的车拖到营地。

6. 移动别墅B型

移动别墅B型房车车长6~12m,价格在4万元左右。此型房车的设计不适合经常性的转换营地,它的装备不适用12V电压,而且车辆一旦停靠,就必须连接公共电力系统来补充电力。

活动:查阅资料,结合房车的类型介绍,认识不同类型的房车,填写表6-13。

汽车改装

不同类型房车认知 表6-13

图　例	类　型	品　牌	价　格

三、改装房车的注意事项

(一) 结合客户需求

每个客户需要的房车都不一样,所以改装房车需要根据客户的具体需求来设计用途、配置等。

(二) 不违反法律法规

房车改装范围必须在法律允许的范围之内,不能违反法律法规。修订后的《机动车登记规定》虽然放宽了改装的内容,但对改装车的规范仍有严格的要求。

活动:查阅资料,认知最适合房车改装的车型。

_____
_____
_____
_____

任务评价

房车改装任务见表6-14。

房 车 改 装 任 务　　　　　　　　　　表6-14

能　　力	评价内容	分　值	自　评	互　评	教 师 评
专业、方法能力 (60分)	能够描述房车的含义,以及什么是房车改装	15			
	能够描述房车的分类	20			
	能够描述房车改装的合法性,以及在一定的条件下如何规避法规风险,讲解相关法律法规	15			
	学习分享房车改装经典案例	10			
综合能力 (40分)	具有良好的团队分工及协作表现	10			
	具有良好的表达沟通能力	10			
	积极参与课堂活动	10			
	纪律表现良好	10			
	合计	100			
	总评				
评语	自评: 　　　　　　　　　　　　　签字:				
	互评: 　　　　　　　　　　　　　签字:				
	教师评: 　　　　　　　　　　　　　签字:				

参 考 文 献

[1] 姚时俊. 汽车改装经验谈[M]. 2版. 北京:机械工业出版社,2015.
[2] 姚时俊. 私家车改装发烧友[M]. 北京:人民交通出版社,2010.
[3] 王鹤隆,李雪. 汽车影音改装实用教程[M]. 北京:机械工业出版社,2012.